Pour l'amour de la musique

Les Mélodistes indépendants

ÉDITIONS L'ESSENTIEL
Montréal
1996

Données de catalogage avant publication (Canada)

Vedette principale au titre:
Pour l'amour de la musique: les Mélodistes indépendants

Comprend des réf. bibliogr.

ISBN 2-921970-03-1
1. Musique — Philosophie et esthétique. 2. Compositeurs.
I. Daveluy, Raymond, 1926- . II. Titre.

ML3800.P877 1996 780.1 C96-941185-5

Couverture: Pierre Desmarais
Typographie et mise en pages:
Communications Jo Ann Champagne inc.

Dépôt légal: 4e trimestre 1996
Bibliothèque nationale du Québec
Bibliothèque nationale du Canada

LES ÉDITIONS L'ESSENTIEL INC.
C.P. 208, SUCCURSALE ROXBORO
ROXBORO (QUÉBEC) CANADA H8Y 3E9

ISBN 2-921970-03-1

La collection Pour l'amour...

L'idée d'une telle collection m'est venue à la suite de conversations qui m'ont profondément marquée. Il m'est arrivé à quelques reprises de rencontrer des gens passionnés par leur travail, par leur art, par leur engagement au service d'une cause, par ... Au moment où j'écris ces lignes, je pense tout particulièrement à Ludmilla Chiriaeff qui vient de nous quitter. *Pour l'amour de la danse*, elle s'est imposé une incroyable discipline de vie afin d'atteindre les sommets. *Pour l'amour de la danse*, elle a surmonté tous les obstacles rencontrés et réussit à communiquer à d'autres la passion qui l'animait.

Une telle personne mérite d'être entendue. J'en connais d'autres taraudées d'une telle passion, d'un tel amour: Jean Vanier, Hubert Reeves, Agnès Grossmann, Théodore Monod... C'est à des personnes comme elles que je dois l'idée de la présente collection.

Pour l'amour de ... C'est le secret des vies données. C'est le secret des réflexions qui vont au cœur des choses. Les livres que vous retrouverez dans cette collection sont des livres engagés. Je n'ai pas voulu laisser la parole uniquement à de grands personnages. Je n'ai pas voulu non plus imposer des restrictions quant aux sujets qui y seraient abordés ou au genre littéraire privilégié. Ma seule exigence a été que les réflexions proposées jaillissent du cœur de personnes en amour avec la vie, avec ce qui les fait vivre.

Puissent lecteurs et lectrices y puiser une inspiration qui transformera le regard qu'ils portent sur leur propre vie!

Jo Ann Champagne

Table des matières

MANIFESTE DES MÉLODISTES INDÉPENDANTS

Nous nous identifions à une musique où la mélodie domine et prend une part essentielle à la communication. Nous considérons comme un progrès la musique qui tend à aiguiser les émotions et à canaliser la sensibilité des gens par l'utilisation d'un langage accessible, original et respectueux de la tradition.

Au moyen d'écrits, d'entrevues, d'événements médiatiques et de concerts, nous voulons défendre nos intérêts et promouvoir nos œuvres auprès des organismes de subventions, des sociétés de concerts et des interprètes.

En résumé, notre but est avant tout la communication, car les réactions du public s'avèrent, pour nous, de première importance. Nous voulons ainsi innover dans le respect des traditions.

La liberté est la plus noble expression de l'Être et l'Art ne saurait être sans liberté d'expression.

Les membres fondateurs:
Raymond Daveluy
Anne Lauber
Rachel Laurin
Alain Payette

INTRODUCTION

Les Mélodistes indépendants: pour une autre musique contemporaine

«Plus j'observe la vie et plus je me sens convaincu
que le classicisme est la voie de l'avenir.»

Jean Sibelius, compositeur finlandais (1865-1957)

L'anecdote qui suit est absolument authentique! Une de mes compositions devait être jouée en novembre 199... dans la ville de X. Le soir même du concert, l'organisatrice demande à l'interprète:

«*Cette pièce-là, qu'est-ce que c'est?*
La musicienne de répondre:
— *C'est une œuvre d'un jeune compositeur montréalais.*
— *Ah non!* de répliquer immédiatement l'organisatrice. *Pas question de jouer ça ici! Pas de musique contemporaine, pas de musique québécoise!!!*»

Cette gentille dame, je le précise, n'avait jamais entendu ni mon nom, ni l'œuvre en question et elle n'a même pas daigné jeter un coup d'œil sur la partition. La seule mention de «musique contemporaine québécoise» lui avait suffi pour exiger le retrait de la pièce. La peur de quelques dissonances appréhendées avait eu raison de son courage pourtant fort grand: elle avait combattu une très grave maladie juste quelque temps auparavant...

Nous en sommes là aujourd'hui, après avoir investi plusieurs millions de dollars dans la promotion, la diffusion, la création dans le domaine de la musique contemporaine au Québec! Il existe envers elle une indifférence, voire une hostilité a priori, telle que ses créateurs, d'esthétique «traditionnelle» aussi bien qu'«avant-gardiste», sont voués à une solitude souvent éprouvante et que leurs efforts se heurtent à une inertie quasi insurmontable. Je n'ai pas l'exclusivité de ce constat, loin de là. «Maintenant, si on dit aux gens de venir écouter une soirée de musique contemporaine, c'est assez pour qu'ils ne viennent pas» (Raymond Daveluy, compositeur de tendance «traditionnelle», *La Presse,* 13 mai 1995). «La musique contemporaine est peut-être le secret le mieux gardé depuis celui de la bombe atomique. Si les gens écoutaient, ou subissaient cette musique et regardaient l'argent qui y est investi, je ne suis pas sûr qu'ils seraient contents. C'est peut-être mieux que cette musique soit cachée» (Mike Roy, pourtant compositeur de tendance «avant-gardiste», *Le compositeur canadien,* octobre 1989).

Dans le contexte actuel de décroissance et de désengagement, la situation est même inquiétante: des voix de plus en plus nombreuses remettent ouvertement en question la pertinence du maintien des subventions en faveur de cet art. Ainsi, le 12 mai 1995, un article signé Pierre Desjardins, professeur de philosophie au Collège Montmorency, parut dans *La Presse.* Intitulé de façon éloquente «Échec total de la musique contemporaine», il s'en prenait plus particulièrement aux «différents monopoles protectionnistes institutionnalisés» en matière de création artistique. «Il faut voir qu'au Québec, le système actuel de bourses et commandes de l'État maintient artificiellement en vie cette musique cliniquement morte. Par une bureaucratie confortable et par un centralisme idéologique à toute épreuve, calqué d'ailleurs sur le centralisme administratif abusif de nos gouvernements, les activités musicales se voient subventionnées et coordonnées à l'aveuglette, non pas selon quelques principes éducatifs valables, mais uniquement pour satisfaire les besoins financiers immédiats des représentants officiels des antres de la culture». Cette situation n'est pas sans points communs avec celle prévalant dans certains autres domaines artistiques, notamment en arts visuels, qui, elle aussi, est régulièrement remise en question.

Malheureusement, un petit nombre seulement de mélomanes soupçonnent qu'il existe au Québec une autre «musique contemporaine», plus accessible mais sans concession à la démagogie, plus «traditionnelle» mais sans servilité face au passé... Comment les blâmer puisque cette autre musique n'est pratiquement jamais jouée ni entendue en dépit de sa richesse? Cet état de choses est un héritage du passé récent. Depuis la Révolution tranquille, plusieurs compositeurs classiques d'esthétique «avant-gardiste» ont bénéficié de la croissance soudaine et de l'impulsion de ce moment particulier de l'histoire du Québec pour occuper nombre de postes influents et drainer vers leur cause les ressources financières publiques disponibles. Cela était peut-être nécessaire pour stimuler un type de création alors très timide au Québec; cependant, les musiciens peu enclins à adopter la nouvelle rhétorique «officielle» se voyaient dès lors marginalisés. Mais, même en ne disposant pratiquement plus d'aucune grande tribune pour se faire entendre, leur musique a néanmoins fini par partager avec la musique institutionnelle le même vote de «non-confiance» à l'égard de la musique d'ici, provoqué par la déception puis par l'hostilité grandissante de la majorité du public. Un pan entier des efforts créateurs de gens d'ici se trouvait renvoyé aux limbes pendant que le public, toujours soumis au même type de musique contemporaine, se voyait confirmé dans ses préjugés défavorables. En l'absence de toute alternative, la faveur de ce dernier se tourna naturellement vers les musiques dites populaires ou encore, dans le domaine classique, vers un répertoire exclusivement constitué d'œuvres du passé et provenant d'ailleurs.

Il était donc grandement temps que des forces se rassemblent pour tenter de rétablir un équilibre qui, en définitive, profiterait à tout le monde. Le mérite de l'initiative en reviendra à ces quatre compositeurs qui, réunis sous la bannière des Mélodistes Indépendants, ont pris la parole avec force en mai 1995: Raymond Daveluy (né en 1926), Anne Lauber (née en 1943), Rachel Laurin (née en 1961) et Alain Payette (né en 1953). L'union faisant la force, les Mélodistes ont décroché une importante entrevue dans *La Presse* du 13 mai 1995. Leurs propos, pas toujours dénués de provocation, ainsi que leur Manifeste ont alors causé une première onde de choc dans le petit milieu de la musique contemporaine. Des idées tenant lieu de vérités absolues depuis près de trente ans se voient brusquement remises en question! Plus «grave» encore: la volonté pleinement exprimée des Mélodistes de défendre leurs intérêts auprès des organismes de subventions menace un quasi-monopole. Le défi était donc lancé à une culture installée grâce à laquelle des gens avaient pu cumuler les avantages de positions officielles et les bienfaits du label «révolutionnaire»!

Cette entrevue préparait le terrain à un concert donné le 19 mai suivant à la chapelle historique du Bon-Pasteur à Montréal et au programme duquel figurait une œuvre de chaque membre fondateur du groupe. Premier élément à signaler: dans un milieu porté à la mystique de la «grande œuvre», cet événement fut présenté comme un «petit concert tout simple», selon les termes mêmes d'Anne Lauber. Second élément significatif: alors que les organismes «orthodoxes» de musique contemporaine peuvent compter sur des subventions leur permettant d'aller jusqu'à imprimer leur publicité sur des papiers de luxe, ce concert gratuit a été financé par les compositeurs eux-mêmes (sans argent, ils ne pourront évidemment pas souvent répéter l'exploit!). À en juger par les commentaires qui circulaient à l'entracte et après le concert, les réactions, très diversifiées, n'étaient jamais indifférentes, si bien que la salle (comble) accueillit l'événement avec une belle ovation. Une dame eut même cette révélation: «Je ne savais pas que l'on composait de la si belle musique ici!»

Le lendemain, le critique musical de *La Presse* traça un bilan du concert en soulignant le «bien-fondé» de l'engagement des Mélodistes, leur «attitude parfaitement légitime et même audacieuse dans un monde où l'avenir de la création musicale semble très incertain»... Le critique du journal *Le Devoir*, lui, visiblement un «pur et dur», n'a pas jugé bon d'exprimer son opinion: il avait d'ailleurs quitté à l'entracte. Il y alla plutôt d'un texte moralisateur dépourvu du sens des proportions: «L'empire du Big Mac semble à la gastronomie ce que nos «Mélodistes» sont à la musique». Il ne faut pas grand-chose pour grimper ainsi dans les rideaux!

Cette seconde onde de choc se répercuta dans plusieurs textes publiés jusqu'à la fin juillet, alors que dans un article ironiquement intitulé «L'éloge de la différence», le compositeur Michel Gonneville prit la défense des intérêts de l'establishment officiel contre les idées des Mélodistes, de nouveau avec une référence au Big Mac: le milieu musical semble vraiment fasciné par les hamburgers!

Personnellement, l'initiative des quatre Mélodistes me semblait globalement des plus valables. En effet, il serait facile de démontrer par de nombreux exemples historiques impliquant des compositeurs de premier plan, que la volonté de renouer avec une esthétique traditionnelle pour la renouveler est parfaitement légitime. Facile aussi de faire valoir que le fait de prôner une attitude respectueuse du public n'implique en soi ni la capitulation ni les compromissions. Facile finalement de prouver que valoriser l'accessibilité du langage musical ne signifie pas nécessairement sombrer dans la facilité. C'est souvent même le contraire qui est vrai: «La musique devient «difficile» toutes les fois qu'elle n'existe pas, «difficile» n'étant qu'un mot-paravent pour cacher sa pauvreté» (Claude Debussy, article intitulé «Du goût», 15 février 1913).

L'initiative des Mélodistes me semblait aussi salutaire. J'y voyais une occasion de favoriser un meilleur enracinement de la «nouvelle musique classique» dans la culture québécoise et de contrecarrer, avant qu'il ne soit trop tard, les effets néfastes du sentiment défavorable qui s'est installé au fil du temps à l'égard de la musique contemporaine.

Pourquoi alors toute cette émotivité soulevée par les propos des Mélodistes?

Le nœud du problème réside certainement dans le mot «innover», mot magique s'il en est un pour obtenir des subventions et des commandes de l'État. Mais justement, les Mélodistes, qui parlent d'eux-mêmes comme des «compositeurs contemporains», ne refusent aucunement l'innovation: ils cherchent simplement à la canaliser. «Ce que nous voulons, c'est dire quelque chose de nouveau dans un langage éprouvé» (Anne Lauber, entrevue dans *La Presse*). Malheureusement, l' «innovation» est devenue, en matière artistique, une grosse tarte à la crème qu'on balance dans la figure des gens: «Vous ne comprenez pas parce que moi, j'innove; vous comprendrez, éventuellement...» Mais il ne faut pas être des plus versés en musique contemporaine pour constater que le prétexte de l'innovation a permis de justifier le financement public d'une quantité importante d'œuvres au fond académiques, mornes, ou simplement échevelées.

Inversement, la *Cinquième Sonate pour orgue* du Mélodiste Raymond Daveluy, créée durant l'été 1995 dans sa version définitive et composée sans l'aide des fonds publics, possède une vitalité et, pour tout dire, une audace à faire blêmir bien des œuvres «post-modernes» entièrement subventionnées! Le mot «innovation» ne doit pas être considéré par certains comme une «marque déposée» sur laquelle ils auraient droit de jouissance exclusive!

Face à toutes les possibilités de langage musical qui sont à la disposition des compositeurs en cette fin de XXe siècle, il sera de plus en plus difficilement justifiable qu'une sorte d'intégrisme idéologique puisse présider au soutien public de la création artistique, surtout au sein d'une société se voulant ouverte, libérale et pluraliste...

Pour toutes ces raisons, j'avais décidé de prendre contact avec les Mélodistes. Suite aux événements des premiers mois de son existence, le groupe s'était modifié par un départ et l'arrivée de cinq nouveaux membres: Denis Bédard, Jean Chatillon, Michel Edward, Marie-Andrée Ostiguy et moi-même. Parallèlement à la réalisation d'un catalogue complet des œuvres des Mélodistes destiné aux organismes de concerts, aux interprètes et aux institutions, l'idée du présent livre fut lançée et adoptée avec enthousiasme. Grâce aux Éditions l'Essentiel, ce projet est maintenant devenu réalité.

Dans les pages qui suivent, les membres du groupe partageront leur témoignage et leurs réflexions sur l'état actuel de la musique, les significations que cet art peut avoir aujourd'hui, le rôle du compositeur dans le contexte actuel et les pistes d'avenir pour la musique. Au départ, pour situer les choses: **Raymond Daveluy** esquissera un historique de l'enseignement de la musique au Québec et, particulièrement, de la composition. Ce témoin privilégié montrera pourquoi, au bout du compte, en matière de composition il place son espoir non du côté des institutions officielles mais bien de l'enseignement privé (p 19-31). Et justement, **Rachel Laurin**, son élève privée, enchaînera avec une réflexion sur le thème de la communication dans la musique (p. 33-55). Après avoir abordé la dimension spirituelle de la musique, **Anne Lauber** racontera comment elle a dû «finasser» avec le système lors de ses études universitaires en composition pour pouvoir tirer le meilleur parti possible d'un enseignement faisant bien peu de cas de la liberté intérieure. Son regard complètera ainsi celui de Raymond Daveluy (p. 57-70). Les deux chapitres suivants élargiront le propos en le portant vers d'autres horizons. **Antoine Ouellette** (également biologiste de formation) parlera de la musique comme voie de conciliation entre la culture et la nature (p. 73-97); **Jean Chatillon** ira à la rencontre des musiques de tradition populaire (les folklores) (p. 99-120). Et, comme il fut de tout temps difficile de vivre de la musique, dans les deux derniers textes l'aspect économique de l'Art sera plus spécifiquement abordé: **Denis Bédard** parlera de la question de l'édition musicale (p. 123-137) et **Marie-Andrée Ostiguy** de la gestion d'une carrière en musique (p. 139-160). Une bibliographie terminera ce dernier texte en guise d'outil pratique à l'intention d'autres artistes car, dans les institutions officielles, cette question économique, pourtant vitale, n'est pour ainsi dire jamais abordée lors de la formation...

Les sujets sont variés, les approches aussi. Si tous les Mélodistes partagent des idéaux communs, la plus grande liberté règne ici dans l'expression personnelle de ces idéaux: les propos de chaque auteur n'engagent donc nullement ses collègues, et des divergences pourront exister sur certains points. Comme dans la vie! Néanmoins, une vision particulière de l'histoire et de la signification de la musique se dégage ici. C'est ce que les Mélodistes veulent partager: un hymne à la dignité et à la grandeur de l'art des sons.

Antoine Ouellette
Directeur de ce projet de collectif
Montréal, juin 1996

PHOTO: COLLECTION PERSONNELLE

1

Raymond Daveluy

«Le grand feu n'a pas pu s'allumer...»

Raymond Daveluy

Organiste de l'Oratoire Saint-Joseph depuis 1960,
Raymond Daveluy consacre aussi
une partie de sa carrière à la composition.
Il a écrit plus de trente œuvres d'envergure dont
cinq sonates pour orgue, une sonate pour orgue et
trompette, un concerto pour orgue et orchestre,
des pièces pour chœur, pour cuivre et piano.
Publiées aux Éditions Jacques Ostiguy et par la
maison Europart-Music, ses compositions sont
présentées en Amérique, en Europe, ainsi qu'en
Corée, au Japon, en Australie
et en Afrique du Sud.
Plusieurs œuvres de R. Daveluy
sont enregistrées sur disques: mentionnons
la Messe en mi mineur *pour chœur, solistes et*
orgue, la Sonate pour orgue et trompette,
la Sonate no 3 pour orgue
et le Concerto pour orgue et orchestre
qu'il dirigea lui-même
lors de sa création à l'église Notre-Dame en 1981.
Raymond Daveluy
est membre de l'Ordre du Canada,
Fellow Honoris Causa
du Royal Canadian College of Organists.
En 1992, il a été décoré de la Médaille
du 125e anniversaire de la Confédération.

«Rien n'est fait
tant qu'il reste quelque chose à faire.»
Romain Rolland

Lorsque je commençai mes études musicales, en 1939, l'enseignement de la musique à Montréal n'était pas encore fortement organisé. En milieu francophone, seuls l'École Supérieure de Musique d'Outremont (plus tard l'École Vincent-d'Indy) et l'Institut Nazareth pour les jeunes aveugles pouvaient être considérés comme des écoles vraiment sérieuses offrant des programmes d'études structurés. La première ne s'adressait qu'aux jeunes filles et la deuxième, fort heureusement, acceptait filles et garçons aveugles.

Comme un grand nombre de jeunes de cette époque, je fus confié à des professeurs particuliers: MM. Larose et Romano m'enseignèrent le cor et M. Gabriel Cusson le piano, la dictée musicale, le solfège et l'harmonie. M. Cusson me fit acheter le traité d'harmonie de Théodore Dubois, bien connu à cette époque pour son ton dogmatique et ses nombreuses règles, défenses et exceptions[1*]. Mais dès les premières semaines, mon professeur commença de critiquer et de remettre en question plusieurs principes du Traité, développant ainsi chez moi l'esprit de critique et de contestation. À ses côtés, j'appris que les accords ne reposent pas sur les «degrés» de la gamme; qu'un accord n'est rien par lui-même et que ce qui le précède ou le suit en change la nature et la fonction; qu'il existe des accords avec dissonance ascendante et d'autres avec dissonance descendante, etc.

Mes premiers contacts avec ce que nous appelions à l'époque «musique moderne», c'est-à-dire Fauré, Debussy, Ravel (même la Sonate pour violon et la Symphonie de Franck me semblaient comporter d'étranges harmonies!) me portèrent à m'interroger sur les rapports entre l'harmonie des traités et celle, plus avancée, de la composition véritable[2]. Je trouvai bientôt inutile de questionner les

* Les notes se trouvent à la fin du chapitre dans lequel elles sont insérées.

dernières pages du Traité, qui suscitaient plus de questions qu'elles n'apportaient de réponses, et je m'en remis de plus en plus à mon professeur. Ses allusions assez fréquentes à l'univers du «mineur inverse», ses réflexions sur le problème de l'accompagnement du chant grégorien, ses propres œuvres que j'avais parfois le plaisir de transcrire, tout dans son enseignement contribuait à aiguiser ma curiosité et à me permettre des regards sur un monde sonore, vaste et mystérieux.

Je garde aussi un souvenir vivant, ému et admiratif de ce qu' était, à cette époque, la vie culturelle du Collège Jean-de-Brébeuf. Les lectures de Claudel par le R.P. Jean Duclos, les cours d'histoire de l'art du R.P. Ernest Gagnon, les conférences du R.P. Dubé (François Hertel), les auditions de musique organisées par le R.P. Antonio Dragon, recteur du Collège, etc... constituaient un milieu très évolué, très raffiné, et c'est dans un tel vivier que je fis la découverte de Wagner, de Richard Strauss, de Stravinsky, et celle, peut-être plus importante encore, du chant grégorien. Dans une liturgie extrêmement soignée, cette musique tenait une place prépondérante et elle suscitait chez beaucoup d'élèves un intérêt enthousiaste[3]. L'organiste de l'église du Gesù, M. Hervé Cloutier, qui enseignait le piano et l'orgue au collège, était demi-voyant et avait fait ses études à l'Institut Nazareth. Il parlait beaucoup de chant grégorien, d'harmonie modale, de la Schola Cantorum de Paris, de Charles Bordes, de Tournemire, de Vincent d'Indy[4]... Très proche des moines bénédictins[5], il était un conseiller efficace et attentif pour tout ce qui se rapportait à la musique grégorienne et aux difficultés que posait le problème d'y ajouter un accompagnement instrumental.

Au milieu de ce bouillonnement intellectuel et artistique, je commençai en 1942 l'étude de l'orgue avec M. Conrad Letendre. Ce fut une rencontre capitale, littéralement bouleversante, qui devait changer mon orientation, et modifier complètement ma façon de concevoir l'harmonie, la composition et l'enseignement de la musique en général.

Comme G. Cusson et H. Cloutier, Conrad Letendre avait étudié à l'Institut Nazareth qu'il considérait comme l'école de musique par excellence. Chercheur curieux, travailleur infatigable, esprit scientifique, pédagogue averti, il possédait une connaissance profonde, solide et diversifiée de tous les aspects de l'harmonie. Aucun traité, aucune théorie, aucune tendance ne lui étaient inconnus. Il pouvait analyser, comparer toutes les façons de concevoir les accords, leurs enchaînements, leurs rapports avec le rythme, avec les fondements physiques des sons. Contestataire et positif, il n'acceptait aucune idée reçue, aucune affirmation, aucun argument d'autorité, qu'il n'en ait d'abord examiné tous les aspects et établi des démonstrations convaincantes. Il se considérait, à juste titre, comme le continuateur de Riemann, Gevaert, Serieyx et Vincent d'Indy, grands pédagogues entre tous, et il excellait à débusquer les erreurs, les affirmations gratuites et imprécises propagées par un certain enseignement officiel, dogmatique et pompeux que la filiation Savard-Reber-Dubois-Caussade avait imposé dans les conservatoires de France. Il ne pouvait concevoir que des théories empiriques puissent expliquer les phénomènes musicaux et conduire à l'écriture musicale véritable. Il déplorait que, dès sa fondation, notre Conservatoire, ici au Québec, se fut enfoncé dans les conceptions périmées qui avaient cours dans celui de Paris, et que l'harmonie et le contrepoint fussent destinés à être traités comme une sorte de langue morte, une sorte de purgatoire par lequel il fallait passer, sans trop savoir pourquoi, pour devenir compositeur... «Quand vous aurez travaillé et obtenu vos «Premiers Prix» d'harmonie, de contrepoint et de fugue, vous pourrez faire ce que bon vous semblera», entendait-on déjà très souvent. Comme si le fait d'avoir appris le latin et le grec eût donné toute licence pour écrire des mots sans suite, des poèmes informes, des discours absurdes[6].

Je fus mis en garde contre ce genre d'enseignement lorsque, me croyant toujours destiné à devenir corniste, je fis mon entrée au Conservatoire en septembre 1943. Je ne devais pas y séjourner longtemps, étant incapable de me plier à des disciplines comme le solfège dont je ne comprenais pas l'utilité et que je jugeais complètement absurdes. Je passai environ un an au Conservatoire et le quittai pour m'orienter définitivement vers l'orgue sous la direction de C. Letendre.

Par un étrange concours de circonstances, je revins au Conservatoire en 1956, cette fois comme professeur... de solfège! La nécessité de gagner ma vie mais aussi le désir d'apporter un jour des changements et une certaine amélioration à la conception des études musicales m'y attirèrent. Tout en essayant de me conformer aux programmes d'études, je m'efforçai d'innover et d'atténuer quelque peu l'aridité du solfège. Les élèves devaient apprendre à solfier dans six ou sept clefs; ils devaient subir des examens composés de morceaux à changements de clefs remplis de pièges et de difficultés tortueuses; et travailler péniblement tout cela sans vraiment en comprendre l'utilité. J'apportai donc un soulagement à leur misère en cessant de faire travailler des solfèges à changements de clefs. J'avais compris depuis longtemps que ce n'est pas de s'exercer à changer souvent de clef qui rend capable d'exécuter des changements rapides mais bien de connaître d'abord à fond chacune d'elles. Je fis chanter des morceaux à plusieurs voix, des mélodies accompagnées au piano et j'utilisai tous les moyens à ma disposition pour rendre mes cours vivants et intéressants. Je restai au Conservatoire jusqu'en 1960, et durant ces quatre années je devins de plus en plus convaincu de l'immobilisme effrayant qui s'était installé dans cette école pourtant encore jeune. Tant et si bien que je préférai le quitter plutôt que de n'y pouvoir changer quelque chose.

Au cours de l'été 1966, M. Ceslav Kaczinski, directeur du Conservatoire de Trois-Rivières, me proposa de reprendre du service et d'aller enseigner l'harmonie et l'écriture, et même, le cas échéant, la composition à son conservatoire. La proposition m'intéressait car, pour la première fois, j'entrevoyais une possibilité de commencer à diffuser les idées auxquelles je croyais. Je dis au directeur qu'il m'était impossible de songer à utiliser les traités d'harmonie alors en usage dans les écoles de musique, et que je ne pourrais me conformer aux règlements et examens qui régentaient l'enseignement. Les élèves étant des débutants qui n'étaient pas encore soumis à des examens de fin de cycle, le directeur me donna carte blanche et j'eus le plaisir, durant cette année scolaire, d'enseigner l'harmonie selon les théories et principes de Conrad Letendre et de la filiation qu'il représentait.

À la fin du deuxième semestre, dans le cadre des exercices publics du Conservatoire, organisés par M. Kaczinski, j'eus la satisfaction de présenter aux auditeurs les travaux des élèves de ma classe. Constitués en un ensemble choral, ils chantèrent leurs devoirs: leurs harmonisations et arrangements de chansons folkloriques. Cet événement peu ordinaire intéressa beaucoup le directeur et, ensemble, nous entrevoyions de nouvelles conceptions de l'enseignement de l'écriture musicale, dont le Conservatoire deviendrait le chef de file. De tels projets semblaient réalisables, un tel optimisme pouvait se justifier. Du reste, il ne manquait pas de gens, dans d'autres milieux, pour éprouver le même besoin d'évolution et de changement, souhaiter des réformes et envisager d'autres façons de concevoir l'enseignement de la musique.

Au cours de cette année scolaire, le directeur de l'École de musique de l'Université Laval, à Québec, m'avait proposé l'enseignement de l'harmonie. Homme de grande culture, M. Lucien Brochu connaissait fort bien la Schola Cantorum de Paris, Vincent d'Indy, Charles Bordes, etc... L'école qu'il dirigeait n'avait-elle pas d'ailleurs été orientée, à l'origine, vers la musique sacrée? Ne se voulait-elle pas une continuation de la Schola Cantorum?... Comprenant fort bien les rapports entre le chant grégorien, les modes, le rythme et les théories de la filiation d'Indy-Letendre, il aurait été heureux qu'une chaire prestigieuse leur fut consacrée. Mais devant l'hostilité de plusieurs membres du corps professoral, il dut, à son grand regret, reculer et abandonner ce projet...

Après beaucoup d'hésitations et avec beaucoup de regrets, je quittais, à la fin de l'été 1967, ma classe d'harmonie du Conservatoire de Trois-Rivières pour remplir les fonctions de directeur-adjoint au Conservatoire de Montréal. M. Victor Bouchard, alors directeur général des conservatoires, m'avait proposé cette situation et, à la suite de nos conversations, il pouvait m'être permis d'imaginer que je pourrais enfin exercer une influence importante sur les orientations de l'enseignement musical. Je rêvais d'une restructuration profonde de l'enseignement du solfège, de l'harmonie, du contrepoint et de la composition: solfège subordonné au chant choral, exécuté dans les clefs particulières à chaque instrument, et toujours accompagné; prédominance de l'harmonie au clavier sur l'harmonie écrite; étude de l'harmonie selon les théories de Vincent d'Indy et de Conrad Letendre; étude du contrepoint débarrassé des lois arbitraires et rigides, et régi par le contenu et le sous-entendu harmonique; étude de la composition basée sur la forme, le langage perceptible, les possibilités vocales et instrumentales, etc. Mais, peu de temps après avoir débuté dans mes nouvelles fonctions, je constatai que la Direction était peu réceptive à mes idées, et le corps professoral, à tout le moins, indifférent. Indifférent? rien n'est moins sûr!

J'avais déjà eu l'occasion de constater, dans le monde de l'enseignement musical, une résistance sourde et hostile à toutes formes de changement. Bien ancrés dans les marécages du conformisme, solidement établis dans d'immuables routines, soucieux d'éviter tout effort de renouvellement, les liseurs de traités, les adorateurs des vaches sacrées de la lignée Savard-Reber-Dubois-Caussade, se liguaient plus ou moins tacitement, s'entendaient à détourner toute menace, à combattre la vérité avec tout l'arsenal du mensonge et du ridicule. Que ne fallait-il pas entendre: «Si ces traités étaient assez bons pour les grands compositeurs, ils sont assez bons pour vous aussi!» Comme si Claude Debussy n'avait pas étudié en dehors du Conservatoire (dont il exécrait la ligne de pensée); comme si Louis Vierne n'avait pas été, à sa sortie du Conservatoire, l'élève privé de Charles-Marie Widor pendant plusieurs années!

Dans une telle situation, quoi de plus facile, par conséquent, que de s'en remettre aux faux principes, aux apparences, aux demi-vérités? Quoi de plus commode que de favoriser l'amateurisme? On voit alors des gens qui, dans l'ordre ordinaire des choses auraient dû se combattre, s'entendre à demi-mot, se témoigner un respect de convention, s'entraider en toute circonstance. L'un dira: «Moi, j'enseigne l'écriture et ce que l'élève fera après l'obtention de son diplôme ne me concerne pas»; l'autre dira: «Oui, l'harmonie c'est bien, le contrepoint aussi: cela apprend à penser rapidement! Bien sûr, cela n'a plus aucun rapport avec la composition, mais c'est bien!» Je n'entendais jamais les professeurs de composition se plaindre du conformisme et de la stagnation qui sévissaient dans l'enseignement de l'écriture musicale, ni les professeurs d'harmonie et de contrepoint se plaindre que l'enseignement de la composition s'orientât vers la «fausse note» et les bruits informes. On s'approuvait les uns les autres, du moins en surface; on ne parlait que de «liberté académique», d'«éthique professionnelle», de «respect des collègues». S'agissait-il de déguiser sous des formules pompeuses les intérêts les plus mesquins, les calculs les plus sordides?

Voilà les cercles vicieux auxquels j'eus à faire face lorsque j'accédai aux postes de direction dans les conservatoires. Je m'y étais aventuré dans l'espoir d'effectuer des réformes nécessaires, de bouleverser quelque peu l'ordre établi mais hélas, la mécanique administrative était en train de devenir de plus en plus complexe, le pouvoir réel de décision de plus en plus concentré à la direction générale, elle-même confiée à partir de 1976 à des fonctionnaires arrogants et incultes. Il m'a donc fallu, pendant les dix années où j'ai été directeur, regarder les serviteurs des vaches sacrées se servir les uns les autres; il m'a fallu assister, impuissant, à la collusion, à l'alliance fatale de deux conformismes, à la terrible équivoque entretenue par ceux qui n'ont que l'apparence de la divergence[7]. Impuissant à apporter le moindre changement, je demandai, en janvier 1978, à être relevé de mes fonctions de directeur et, dès l'automne de la même année, je fus affecté à l'enseignement de l'improvisation et de l'harmonie au clavier. J'entretenais de grands espoirs car ces disciplines n'étaient régies ni par des programmes fixes, ni par des examens. Profitant de cette liberté, j'élargis quelque peu le cadre de mon enseignement et je fis improviser et composer des pièces par mes élèves afin de leur apporter une connaissance de la forme et un moyen d'utiliser ce qu'ils apprenaient dans le domaine de l'harmonie. Et un jour, j'eus l'idée d'inviter la Direction à entendre les travaux des élèves: harmonisation à vue, composition, improvisation. «Nous avons une deuxième classe de composition», entendit-on. En septembre suivant, sous le prétexte des besoins de l'enseignement de l'orgue, l'harmonie au clavier m'était retirée. Était-ce une des coïncidences curieuses, si fréquentes au cours d'une carrière? Ou étaient-ce les chers collègues, professeurs d'harmonie et de composition, qui avaient porté plainte? Jugeait-on, en haut lieu, que mon enseignement portait atteinte à un ordre sacro-saint? Nul ne le saura jamais. J'eus quand même la satisfaction de répandre, grâce à l'enseignement de l'improvisation à l'orgue, bon nombre de mes idées les plus chères et d'en assurer la continuité.

Si parfois j'ai apporté dans cette école une certaine bonhommie, si j'y ai laissé, pour certains élèves, un souvenir chaleureux, j'éprouve de la tristesse à la pensée de n'avoir pu y apporter aucune réforme profonde, aucun des changements dont j'avais rêvé. Le grand feu n'a pu s'allumer... mais une petite flamme continue de briller dans les cénacles de l'enseignement privé.

NOTES*

(1) Bien qu'il ait beaucoup écrit, Théodore Dubois (1837-1924) n'est plus connu aujourd'hui comme compositeur que pour ses œuvres pour orgue et les *Sept Paroles du Christ* (1867), un oratorio encore interprété dans plusieurs églises lors de la Semaine Sainte. Les autres réalisations de ce musicien français qui assurent encore la postérité de son nom sont un *Traité de contrepoint* et un *Traité d'harmonie* (1921) dans lequel la vitalité de cette discipline musicale est remplaçée par une vision figée et quasi légaliste, comme il est mentionné ici. Cette conception passablement simpliste de l'harmonie avait, toutefois, l' «avantage» de faciliter la tâche des enseignants en réduisant la réflexion musicale au niveau de simples équations mathématiques à résoudre. Pédagogie simplifiée; correction des travaux accélérée! Évidemment peu stimulante pour les élèves, cette approche, adoptée par nombre d'institutions, a fini par provoquer l'identification de l'art de l'harmonie à une mécanique dépassée, coulée dans le béton: une langue morte. Ce qu'elle n'est pas; ce qu'elle n'aurait jamais été si d'autres approches, plus vivantes, avaient été préférées. Ces approches étaient malheureusement aussi plus exigentes...

(2) Ces œuvres datent de la fin de la vie du compositeur César Franck (1822-1890): 1886 pour la *Sonate pour piano et violon* et 1886-88 pour son unique Symphonie. À l'époque des études de R. Daveluy, ces œuvres avaient donc déjà plus de cinquante ans d'existence...

(3) Il faut noter que le chant grégorien était, à part quelques cantiques, la musique liturgique essentielle du rite catholique romain jusque dans les années 1960, d'où son importance dans la formation des musiciens jusqu'à cette époque... Puis, injustement identifié au catholicisme «triomphant» du Concile Vatican I (1869-70), il fut brutalement supprimé de la liturgie

---

* Les notes qui complètent le premier chapitre ont été rédigées par Antoine Ouellette, directeur de ce projet de collectif.

courante suite au Concile Vatican II (1962-65) et remplacé par une toute nouvelle musique liturgique d'inspiration protestante: chants faciles, en langue vernaculaire, favorisant la participation de l'assemblée. L'actuel regain d'intérêt pour ce répertoire médiéval est une curieuse revanche des choses; mais ce mouvement n'a toutefois pas encore tellement pénétré l'Église catholique elle-même et semble plutôt lié au phénomène Nouvel Âge...

(4) Au cours de l'histoire, plusieurs institutions musicales ont porté le nom de «Schola Cantorum» qui signifie, en latin, «école des chanteurs». Mais il est ici question de la plus importante, celle fondée à Paris en 1894 par Charles Bordes, en collaboration avec Vincent d'Indy et Alexandre Guilmant. Ce fut d'abord une «École de chant liturgique et de musique religieuse» qui se proposait de réagir contre la décadence de la musique sacrée de l'époque (Larousse de la musique). Rapidement, son activité engloba aussi la musique classique profane. La Schola joua un rôle capital dans la redécouverte de la musique ancienne: Moyen Âge, Renaissance, période baroque... Elle offre aujourd'hui l'ensemble des disciplines musicales.

(5) Ce sont les moines bénédictins qui ont entrepris la tâche de «restaurer» le chant grégorien. Au début du XIXe siècle, la façon d'aborder ce répertoire liturgique s'était considérablement éloignée du style original, d'où les travaux des bénédictins amorcés vers 1840 pour retrouver un style d'exécution plus authentique et conforme à la vérité spirituelle de cette musique. Grâce à ses travaux très approfondis à partir des manuscrits médiévaux les plus anciens, donc les plus proches des sources (IX-Xe siècles), l'abbaye de Solesmes (France) a fini par imposer un style d'interprétation du chant grégorien qui fait encore autorité de nos jours.

(6) Tout cela tient presque de la tragédie grecque! Parce qu'une conception mécaniste de l'harmonie a été adoptée, le statut de

cet art s'est dégradé jusqu'à n'être plus qu'une «discipline de formation» totalement débranchée de la pratique vivante de la musique. Conséquence naturelle: l'harmonie a cessé d'être considérée comme partie intégrante de la formation moderne d'un compositeur. Pour celui-ci, elle devint évidemment un ensemble de règles pénibles et désuètes: des conventions qu'il faut contester, des entraves à la création dont il faut se libérer. Le moindre «accroc» auxdites règles de la part d'un compositeur du passé est alors interprété comme une victoire de l' «audace» sur la «facilité» et toute une rhétorique a développé abondamment ce point de vue... Tout cela est en fait une illusion née d'une conception étroite de l'harmonie, perpétuée par une pédagogie routinière et réductrice...

(7) En effet, cette mauvaise pédagogie de l'harmonie fait aussi l'affaire des professeurs de composition qui peuvent ainsi encore plus facilement poser comme des inventeurs géniaux et libérateurs!

PHOTO: COLLECTION PERSONNELLE

2

Rachel Laurin

Créateurs et interprètes: quel rapport?

Rachel Laurin

Organiste, compositrice et improvisatrice,
Rachel Laurin
complète ses études en 1986
au Conservatoire de musique du Québec à
Montréal où elle a travaillé auprès du pianiste
Raoul Sosa et de l'organiste Raymond Daveluy.
Rachel Laurin est agréée
au Centre de musique canadienne depuis 1989.
Ses œuvres sont régulièrement diffusées à la radio
et interprétées dans plusieurs grandes villes
telles que New York, Paris,
Bruxelles, Cambridge, Lausanne,
Genève et Monte Carlo.
Outre ses compositions pour orgue,
publiées par la maison française Europart-Music,
Rachel Laurin
compte déjà à son actif
plus d'une trentaine d'œuvres
pour instrument soliste et formation de chambre.

«Quand le créateur s'isole,
le public s'isole aussi.»
Bohuslav Martinu (1890-1959)

Mon cheminement vers la création musicale

L'enfance de ma vocation

À l'image de nombreux compositeurs, c'est comme interprète que j'ai commencé mon apprentissage de la musique: «Parler la langue avant de l'écrire», aimait à me répéter, plusieurs années plus tard, mon professeur de composition. C'est donc vers mes neuf ans que ma mère m'a posé la question que j'attendais timidement depuis longtemps: «Veux-tu apprendre le piano?» Ma réponse fut spontanée. Ma mère, en plus d'enseigner le piano et de fort bien en jouer, était organiste du village où nous résidions, à Saint-Benoît (Deux-Montagnes). Notre maison était située juste en face de l'église; inutile de préciser que mes sœurs et moi étions mises à contribution dans la chorale à voix égales que ma mère dirigeait à la messe du dimanche matin et à tous les offices religieux importants. Après la messe le dimanche, l'atmosphère familiale baignait dans la musique d'orgue, les oratorios de Haendel, les cantates de Bach, et tout un répertoire de musique sacrée que la «Cantor» de la maison sélectionnait.

Durant la semaine, nos oreilles étaient agréablement sollicitées par la musique appartenant au répertoire connu, avec une préférence pour Bach, Mendelssohn, Chopin et tous les «Romantiques». Ma mère, tout en m'enseignant le piano, m'a donc appris la musique par l'éducation de l'oreille, sans même en prendre conscience. C'est peut-être cette première formation, empreinte d'un si grand naturel, qui a fait germer en moi le goût de la création: aucun obstacle ne venait entraver mon inclination pour la musique; ma mère m'enseignait de façon empirique. J'apprenais une pièce et elle était sue quand toutes les notes y étaient, de préférence avec les nuances! C'est grâce à cette méthode que j'ai pu lire énormément de musique de piano, des Inventions et des 48 Préludes et Fugues du Clavier bien Tempéré de Bach, aux Sonates de Beethoven et aux Valses de Chopin. Tout ce qui n'était pas limité par le manque de capacités techniques y passait. L'orgue ne m'intéressait pas autant que le piano à cette époque: c'était encore pour moi un instrument mystérieux et inaccessible. Il m'inspirait même une certaine crainte à cause de l'apparence faussement compliquée de la console. Cependant, j'adorais entendre la musique d'orgue. Déjà, j'ADORAIS la Musique!

À l'adolescence, le dessin et la peinture occupaient mes temps libres «presqu'à temps plein». Je pratiquais ce hobby avec un certain succès, au point que mes professeurs d'arts plastiques manifestèrent un peu de contrariété lorsqu'ils apprirent que j'optais pour une carrière musicale. Je travaillais beaucoup plus les disciplines artistiques en autodidacte qu'à l'école. J'étais particulièrement attirée par le dessin d'observation: natures mortes, portraits et paysages. Pour le portrait, mes modèles ne collaboraient pas «à outrance»: mes sœurs s'employaient plutôt à faire des grimaces exagérées quand elles constataient que je les croquais sur le vif! En ce qui a trait aux natures mortes, les fruits «vivants» étaient ma source préférée d'inspiration, mais je devenais fréquemment la cible de quolibets quand la maturation du fruit précédait l'achèvement du tableau… Ces motifs ainsi que mon amour pour la nature et la tranquille solitude m'ont portée plus volontiers vers le paysage. Mon attirance pour le travail de création était déjà très intense: je sentais «l'appel».

Mes premières études de musique en institution

C'est à l'âge de 17 ans que je suis entrée au Collège Marguerite-Bourgeoys, à Montréal, chez les Sœurs de la Congrégation Notre-Dame. Ces deux années se sont écoulées comme un rêve. J'étais pensionnaire et je faisais connaissance avec des jeunes de mon âge qui aimaient la même musique que moi. Durant ces années, j'ai «mangé» de la musique. Évidemment, j'ai dû travailler doublement pour contrer quelques mauvaises habitudes acquises au clavier mais, grâce aux connaissances de la «langue musicale» que m'avait transmise ma mère, ces défauts techniques étaient largement compensés, entre autres par une grande facilité en lecture à vue et un bon développement de l'oreille musicale. Tout en travaillant le piano auprès de sœur Marie-Paule Guay, je me rapprochais de l'orgue et j'entrais dans ses «mystères» avec Lucienne L'Heureux-Arel pour professeur.

Ma mère voyait avec fierté cette prise en charge de son élève: elle connaissait bien de réputation cette École de l'orgue dont faisait partie Mme Arel, formée auprès des musiciens aveugles Conrad Letendre et Gabriel Cusson. Les Daveluy, Lagacé, Arel et Gilbert, entre autres, issus de cette École, sont reconnus aujourd'hui comme de grands pionniers dans le domaine de l'orgue au Québec. Mon apprentissage de l'orgue me dévoilait donc, dans ce contexte, un aspect concret de la vie musicale: celui de musiciens actifs dans l'enseignement, l'exécution, l'improvisation et la composition.

Toute l'effervescence qui régnait au collège, dans cette famille d'élèves, n'a pas manqué de susciter chez moi l'envie d'écrire de la musique. D'abord timidement, j'ai fait mes premiers essais (que je cache soigneusement aujourd'hui), puis j'ai sondé l'opinion de ma mère et de mes amis: il fallait continuer! J'ai même osé, un jour, faire entendre l'une de mes petites pièces pour piano au compositeur Antoine Padilla, qui enseignait la littérature musicale dans cette institution. C'est avec un enthousiasme apparent qu'il a accepté ma demande d'audition, et je lui suis très redevable d'avoir contribué, par ses encouragements sincères, sa délicatesse et son tact, à mon acharnement dans cette voie. Le problème qui se posait, et que A. Padilla entrevoyait très clairement, était de me diriger vers une institution et auprès d'un professeur qui respecteraient mon choix pour une musique mélodique et tonale. Il m'a guidée en toute honnêteté; mon option pour l'orgue et les événements qui s'ensuivirent en décidèrent autrement.

Au Conservatoire de Montréal (1980-1986)

À l'automne 1980, j'entrais au Conservatoire dans la classe d'orgue de Gaston Arel. Sans avoir l'intention d'abandonner l'étude du piano, c'est l'orgue qui devint mon instrument principal, non seulement parce que j'en étais passionnée, mais pour plusieurs raisons d'ordre pratique: l'orgue est un instrument dont l'apprentissage peut se faire à un âge où les violonistes et les pianistes doivent déjà accomplir des prodiges pour envisager une carrière sérieuse. La tradition de l'orgue laissait une place importante à l'improvisation et à la composition: toute l'histoire de cet instrument en est une illustration vivante. Je voyais donc dans l'orgue une «porte ouverte» à la carrière musicale et l'une des rares façons de m'assurer un avenir en ce domaine. C'était la bonne décision!

Mes premières leçons de composition

C'est aussi à l'automne 1980 que s'est joué mon destin de compositrice. Par un heureux hasard, j'avais été assignée par le Conservatoire à la classe d'harmonie au clavier de Raymond Daveluy, dont je connaissais déjà la grande réputation de concertiste, d'improvisateur et de compositeur. J'étais obsédée par l'idée d'improviser à l'orgue et le désir de composer me poursuivait inlassablement. Cette rencontre avec R. Daveluy a été déterminante. J'eus tôt fait d'aborder avec lui la question des études musicales pouvant conduire à la vocation que je souhaitais. En tenant compte de mes moyens techniques et de mes connaissances musicales qui étaient plutôt limitées, R. Daveluy m'a prodigué des conseils d'une clairvoyance qui me déconcerte encore aujourd'hui. Je lui présentai mes essais de composition puis, parallèlement à mes études au Conservatoire, ce Maître entreprit de m'enseigner la composition en me donnant des leçons privées, et ce pendant six ans, à raison de plusieurs heures par semaine, sans jamais me demander un sou en retour, et sans jamais compter son temps. J'étais très motivée par le fait que le compositeur venait de voir ses œuvres pour orgue publiées aux Éditions Jacques Ostiguy, et qu'il travaillait intensivement à la composition de son

Concerto en Mi pour Orgue et Orchestre, commandé par Radio-Canada, à l'initiative du réalisateur Jacques Boucher. La création de l'œuvre, qui eut lieu en mars 1981, suscita de la part des milliers d'auditeurs présents à l'église Notre-Dame une des plus grandes ovations qu'ait connues notre histoire musicale. Il ne m'en fallut pas plus pour espérer et croire en un avenir dans le domaine de la création, si j'y mettais toute mon énergie. J'avais la dose d'irréalisme requise pour avancer fermement vers mon but. La conception de l'enseignement de l'orgue de R. Daveluy était parfaitement conforme à mes convictions et, deux ans après mon entrée au Conservatoire, j'étais admise dans sa classe, tout en continuant l'étude sérieuse du piano auprès de Raoul Sosa, lui-même compositeur.

Mon langage musical se dessinait déjà avec précision: je voulais écrire une musique expressive et accessible; c'était la musique que j'aimais. Mes compositeurs de prédilection à ce moment-là étaient nombreux; je peux citer entre autres Rachmaninoff, Brahms et, un peu plus tard, Bruckner. Il est évident que le style que j'empruntais s'inspirait fortement de leurs couleurs harmoniques, et j'avais déjà une grande attirance pour les formes classiques éprouvées. Aussi, je découvrais par l'enseignement de R. Daveluy des styles aussi séduisants que diversifiés: Scriabine, R. Strauss, Wagner, Debussy, Ravel, Chostakovitch, Hindemith, et j'en passe. Chez les compositeurs d'ici, je ne connaissais pas beaucoup d'œuvres mais, déjà, je m'intéressais à la production de Conrad Letendre (pour l'orgue), Gabriel Cusson, Raymond Daveluy, André Mathieu, François Morel et Clermont Pépin. J'avais déjà mes convictions quant à la musique «d'avant-garde» et l'approfondissement de mes connaissances musicales n'a fait que les confirmer.

Mes études compositionnelles se développaient au même rythme que mon apprentissage de l'orgue et de l'improvisation, auprès du même professeur, ce qui apportait une dimension très personnelle à ma formation musicale. Cette «méthode parallèle» de ma formation musicale était saine et stimulante pour moi: tout se complétait et chacune de ces disciplines corroborait les autres dans mon évolution artistique. Grâce aux encouragements et aux gestes concrets que déployait mon Maître pour me faire avancer dans la création, des commandes d'œuvres ont commencé à poindre pendant que j'étais encore élève, ce qui me permettait d'ores et déjà d'entrer dans le «monde public» de la musique, et me donnait aussi l'occasion d'établir des liens avec les interprètes de mes œuvres: je commençais à composer «pour les autres».

Il faut préciser qu'à ce stade, je composais des pièces que mes moyens techniques au clavier ne me permettaient pas encore d'exécuter convenablement. C'est ainsi que j'ai eu le bonheur d'entendre ma *Sonate pour piano* (1982) exécutée par le virtuose Michel Dussault; ma *Sonate pour orgue*, par le jeune prodige Jacques Lacombe (en 1985); mes *Folklores pour Voix d'Hommes et Piano*, par l'Ensemble Arioso sous la direction de Pierre Mollet, avec la pianiste Suzanne Blondin, et bien d'autres encore. Quels encouragements!

En 1986 prenaient fin mes études d'orgue au Conservatoire, après un concours quelque peu controversé mais couronné de succès. La nouvelle avait d'abord causé une «certaine commotion» dans les classes d'orgue: je n'avais pas programmé d'œuvre de Bach à mon examen! Je consacrais mon récital de fin d'études à deux grandes œuvres du XXe siècle: la *Sixième Symphonie* de Louis Vierne et la *Quatrième Sonate* de Raymond Daveluy. Deux œuvres d'envergure, de grande difficulté technique, de styles et d'époques différents (1930 et 1984). Les conditions imposées par l'institution pour ces programmes d'examens étaient respectées. Je venais de faire l'expérience de l'interprète travaillant son œuvre auprès du compositeur. Démarche très enrichissante et formatrice, à tous points de vue! C'est sur cette touche d'enthousiasme que je quittai la «vie d'élève» pour me lancer dans la «jungle» professionnelle.

Un choix, deux carrières

Mon expérience d'interprète

Dès lors, ma carrière ou plutôt mes carrières étaient fixées: j'étais interprète, improvisatrice et compositrice. Comme interprète, je n'ai jamais cherché à me «spécialiser» dans un répertoire limité à une époque donnée: cela contredirait de façon évidente ma démarche créatrice. Je dis «spécialiser» pour utiliser un terme généralement employé en ce sens, mais je n'approuve pas la signification qu'on lui donne. Je devrais dire «limiter». À l'orgue, comme pour beaucoup d'autres instruments anciens, une certaine tendance voudrait que l'on mette au rancart une énorme partie du répertoire de cet instrument, au nom de l'authenticité dans la façon d'exécuter une œuvre. Il faudrait jouer du Bach comme Bach en jouait et sur des instruments identiques à ceux dont Bach lui-même disposait... Évidemment, non seulement l'exécution du répertoire, mais aussi la facture des instruments actuels sont entachées par ces thèses.

Je ne veux pas ici m'attarder aux causes et aux conséquences d'un tel phénomène, mais je veux évoquer cet aspect de ma personnalité musicale pour éclairer la suite de mon discours. J'ai toujours cherché à interpréter le plus large répertoire possible, des anciens aux plus modernes en tentant, comme le mentionne si justement Jean Guillou, grand organiste et compositeur français, de «re-créer» ces œuvres. À mon sens, la création devient le but de tout artiste, même s'il ne fait qu'interpréter la musique des autres. Quel intérêt trouverait-on à réentendre sur disque ou en concert des œuvres «surjouées» telles la *Cinquième Symphonie* de Beethoven, la *Toccata et Fugue en Ré mineur* de Bach et les *Quatre Saisons* de Vivaldi, sinon celui de découvrir de nouvelles interprétations, que ce soit chez un même interprète, ou chez différents interprètes? Par exemple, Marie-Claire Alain a endisqué au moins trois fois l'intégrale de l'œuvre de Bach à l'orgue. Son objectif n'était certainement pas de rééditer exactement les mêmes exécutions. Quelle en serait l'utilité? Tout interprète doit donc, à mon avis, créer à son tour l'œuvre qu'il joue, qu'elle soit connue ou non. C'est dans cet esprit que je joue les anciens comme les modernes, c'est également dans cet esprit que je souhaite que ma musique soit traitée.

Interpréter la musique «des autres»

Plus tôt, j'évoquais ma première véritable expérience comme interprète de la musique d'un compositeur «de mon temps» lorsque j'ai travaillé la *Quatrième Sonate pour orgue* de mon professeur Raymond Daveluy. En étudiant cette pièce auprès du compositeur, j'ai vu un temple en construction! Celle-ci était achevée depuis deux ans, mais elle a évolué et progressé à tous les instants de sa «re-création» par l'interprète. Étant élève à ce moment-là, le rapport compositeur-interprète n'était pas ajusté au même niveau: le compositeur avait largement l'avantage sur le plan de la compétence artistique et professionnelle. Néanmoins, dans sa grande modestie, R. Daveluy tenait compte avec beaucoup de respect et de considération de mes propositions et de ma personnalité musicale dans la dynamique de l'œuvre, ce qui a permis d'enrichissants échanges d'idées et d'opinions. Au départ, l'interprète doit être convaincu par l'œuvre qu'il aura à exécuter, c'est-à-dire qu'il doit l'aimer intensément et croire en son discours, sinon le message sera mal transmis et c'est l'auditeur qui en souffrira. Précisons aussi que le fait d'avoir travaillé une œuvre auprès de son créateur ne nous en donne pas le privilège de la vérité absolue: rappelons-nous qu'une œuvre est «re-créée» à chacune de ses exécutions et qu'elle change de visage en changeant d'interprète. Les grandes lignes restent les mêmes et la structure de base impose ses règles jusqu'à un certain point mais les nuances, l'agogique et les contrastes d'atmosphère donnent libre cours à l'exécutant. Comme il n'y a pas qu'une seule façon de jouer Bach, il n'y a pas qu'une façon de jouer la *Quatrième Sonate* de Daveluy!

Interpréter sa propre musique

Pour interpréter sa propre musique, il faut «sortir de soi». Car deux activités aussi diversifiées que celles d'interprète et de compositeur requièrent deux personnalités qui, finalement, se complètent. Quand je joue ma musique, je ne suis pas portée à me dire en mon for intérieur: «Cette musique est de moi.»Je me sens tout aussi impliquée que lorsque je joue la musique d'un autre compositeur: en interprète qui aime intensément la musique qu'il exécute. Bien sûr, s'il s'agit d'une première audition publique, la compositrice et l'interprète en une même personne ressent le profond désir que son œuvre plaise à l'auditoire, mais comme interprète, le réflexe est le même que si je jouais en création l'œuvre de tout autre compositeur.

Y a-t-il une particularité quand l'interprète joue sa propre musique? Oui! Pour ma part, la crainte que mon message ait été mal compris par l'interprète et, par conséquent, qu'il soit mal transmis à l'auditoire, n'existe plus. Il n'y a plus d'intermédiaire entre le créateur et le public: je suis donc seule responsable de la bonne compréhension de mon discours. Tout avantageux que cet état de fait puisse paraître, il comporte certains dangers: en effet, le compositeur n'est pas nécessairement le meilleur interprète de sa musique. Je trouve primordial de «tester» une œuvre auprès d'un petit auditoire d'amis avant de l'exécuter en concert pour une première fois. L'écoute pure et nouvelle de ces «cobayes de ma musique» peut m'indiquer de façon très utile des corrections de dynamique et de nuances, pour mieux faire sentir certains passages ou certaines modulations qui me paraissaient évidentes, à cause de mon cheminement ininterrompu dans une pièce que j'ai conçue et à laquelle je donne vie.

L'art d'improviser

Puisque l'improvisation est simultanément un geste de création et d'interprétation, que l'on me permette d'établir une des distinctions marquantes de cette discipline par rapport à la composition. Après avoir travaillé durant des heures, des semaines et des mois à la composition d'une œuvre, le résultat final doit rester imprégné de spontanéité tout en comportant les qualités intrinsèques de l'œuvre d'art achevée: cette musique sera réentendue. Dans l'improvisation, c'est l'impression première qui fait foi de tout: cette musique ne sera pas réentendue. À l'orgue, l'improvisateur dispose de quelques minutes pour échafauder, à partir de quelques thèmes soumis, une pièce musicale qui devra laisser à l'auditeur l'impression finale d'un travail structuré, achevé et préparé de longue date. Pourtant, c'est la spontanéité, la musicalité et surtout le métier acquis bien antérieurement qui auront été artisans de cette composition interprétée et inventée «sur-le-champ».

Mon expérience de compositrice

Composer pour s'interpréter soi-même

Lorsque j'écris une œuvre dont je serai l'un des principaux interprètes, j'adopte au départ une attitude quelque peu différente. En 1994, j'ai reçu une commande de mon éditeur Europart-Music: il attendait de moi cinq variations ou un peu plus, si le cœur m'en disait, sur un Noël lorrain, *Nuit sombre.* En y travaillant, j'ai finalement décidé de «m'écrire» une œuvre de concert, d'une durée de trente minutes, en ... quinze variations, avec une fugue et une toccata pour conclure la pièce dans un «fracas de virtuosité»! Voilà l'exemple d'une composition conçue pour le plaisir de la jouer moi-même. Dans l'élaboration de ces *Variations sur un Noël lorrain, Opus 26*, j'étais, vis-à-vis de l'interprète, sans œil accusateur pour me blâmer d'écrire de la musique injouable. J'étais consciente que ce que je concevais était techniquement difficile (maintenant que l'œuvre est publiée, quelques organistes s'en plaignent!...) mais, je me réservais des variations «reposantes» et je savais aussi que cette musique, efficace à l'orgue, mettrait l'instrument et l'interprète en valeur. Ma seule crainte concernait l'éditeur: allait-il accepter de publier cette pièce qui dépassait trois fois ses attentes en nombre de pages et en durée? Heureusement, il accepta sans broncher d'éditer cet *Opus 26*, qui répondait à toutes ses autres attentes! La création, l'été suivant, n'a déçu ni l'interprète, ni la compositrice. Le public fut enthousiaste et très réceptif. Cette réaction de l'auditoire m'encourage à jouer fréquemment ces variations en concert, et je sens que cette œuvre m'a fait avancer techniquement à l'orgue! Voilà une démonstration parmi tant d'autres de ce que composer pour «s'interpréter» signifie: «liberté» grâce à la connaissance des moyens techniques de l'instrument et de l'interprète.

Composer pour d'autres instrumentistes

Tout en étant plus complexe, cette démarche n'en est pas moins agréable et enrichissante. Nous savons tous que les rapports entre deux ou plusieurs individus peuvent susciter un climat de communion, de conflit ou d'indifférence. L'art ne peut souffrir l'indifférence: c'est sa mort. Les relations entre compositeurs et interprètes peuvent donc être parfaitement harmonieuses ou plus tendues. Lorsqu'elles sont positives, elles peuvent donner naissance à une œuvre musicale élaborée dans un esprit d'équipe peu ordinaire. L'interprète qui s'implique totalement dans le geste créatif du compositeur peut apporter une dimension inestimable à l'œuvre naissante. Que l'on me permette d'évoquer deux exemples, vécus dans ma jeune vie artistique, qui ont constitué pour moi une expérience très précieuse, tant sur le plan de la création que de l'approche de la musique de façon plus générale. Je souhaite qu'aucun interprète ne se sente exclu par ce choix d'exemples qui, je me dois de le souligner, sont loin d'être les seuls de ma carrière, mais se trouvent, je crois, parmi les plus représentatifs.

Marie-Josée Simard, percussionniste

Cette virtuose de la percussion n'est plus à présenter: elle demeure l'une des seules au pays à mener une brillante carrière de soliste et de chambriste, sur la scène internationale, avec ces instruments un peu méconnus du public: marimba, vibraphone, percussions rythmiques de toutes matières. Marie-Josée Simard sait également faire un travail de vulgarisation auprès du grand public, pour faire connaître ses instruments et leur répertoire propre, tout en maintenant ce haut niveau artistique qu'on lui a toujours reconnu. Marie-Josée Simard est de ces interprètes insatiables et toujours à l'affût de nouveau répertoire pour ses instruments: elle a suscité grand nombre de commandes d'œuvres ici et à l'étranger. C'est ce qui contribue pour une large part à l'originalité de sa carrière d'interprète: une très grande partie de son répertoire de concertiste est constituée d'œuvres composées expressément pour elle.

Pas étonnant que notre première rencontre ait eu pour résultat la commande d'un concerto pour vibraphone, marimba et orchestre à cordes. Je lui avais manifesté mon vif intérêt à lui écrire une œuvre, puis elle a entendu des extraits de ma musique sur cassette. Voilà le point de départ tout simple d'une histoire de création toute belle! La création de l'œuvre était prévue pour le printemps suivant (1992); c'était l'automne.

Dans une première étape, l'interprète a voulu me faire une démonstration des instruments qu'elle allait utiliser. C'est ainsi que j'ai découvert les possibilités techniques du marimba et du vibraphone, celles de la virtuose, ses goûts, sa personnalité musicale, etc. Après cette première rencontre, j'étais prête à m'atteler à la tâche: nos personnalités s'étaient «accordées» du premier coup. J'allais composer autant pour l'interprète que pour ses instruments. J'avais été instantanément séduite par les timbres du marimba et du vibraphone, et l'orchestre à cordes m'enchantait de la même façon. De plus, l'idée du Concerto me plaisait énormément, car j'y trouvais l'occasion de mettre en valeur une musicienne que j'admirais beaucoup, de l'amener au bout des limites de ses instruments, tout en faisant plaisir au public par la beauté de la musique et l'impressionnante virtuosité déployée.

Au départ, une telle ambiance était propice au succès de notre projet. Outre l'instrumentation, tout ce qui m'avait été prescrit concernant la musique était l'aspect concertant de l'œuvre et sa durée approximative. Je décidai d'adopter la structure traditionnelle du concerto, forme qui a fait ses preuves dans le domaine de la musique de concert.

Lorsque je remis le premier mouvement à l'interprète, tout en entreprenant la composition du deuxième, sa réaction ne se fit pas attendre: je vis dans cet empressement un esprit de communication et d'enthousiasme très stimulant de sa part. La première condition pour le succès du projet était remplie! Ses commentaires sur le premier mouvement m'ont grandement aidée pour la composition du second et du troisième: musicalement, elle était comblée; il y avait des corrections à apporter sur le plan de l'utilisation des instruments et à certains passages maladroitement écrits ou... trop faciles à jouer! Cette dernière remarque répondait aux mêmes critères que je m'imposais en composant pour moi-même! Au fil de son élaboration, l'œuvre a donc évolué au gré de l'équipe «interprète-compositrice».

Une fois le concerto achevé sur papier, sa composition n'était pas complètement terminée! En effet, l'œuvre prenait vie avec l'interprétation de la concertiste, sa vision de l'œuvre, sa compréhension du langage harmonique, de la structure de l'œuvre et en fonction aussi de la conception du chef d'orchestre et de la communication entre l'orchestre à cordes et la soliste. En composition musicale, rien n'est jamais vraiment terminé: chaque fois qu'une œuvre est jouée, il y a place au progrès, du côté de l'interprète comme du compositeur (dans les premières années de vie de la pièce tout au moins). C'est la raison pour laquelle beaucoup de chefs d'orchestre et d'interprètes trouvent plus simple d'exécuter uniquement la musique «acceptée» et connue depuis longtemps. C'est une attitude compréhensible jusqu'à un certain point, mais qui n'éduque pas bien le public et ne le satisfait pas entièrement.

Marie-Josée Simard a reçu un accueil plus que favorable à chacune de ses prestations de mon *Concerto, Opus 21*; l'Ensemble Amati, dirigé par Jacques Lacombe lors de la «première», et par Raymond Dessaints à toutes les autres exécutions, a grandement contribué à ce succès; j'ai bénéficié d'une excellente collaboration sur tous les plans. L'interprète et la compositrice ont visé le même but: faire vivre la musique et démontrer qu'elle progresse toujours à l'époque où nous vivons. Voilà la pleine signification du mot «contemporain» dans l'Art. Ce mot ne décrit pas l'esthétique d'une œuvre mais plutôt le fait exaltant qu'elle voit le jour à *notre* époque.

Angèle Dubeau, violoniste

Cette grande virtuose du violon n'a pas non plus besoin de présentation. Sa carrière internationale de concertiste et ses nombreux enregistrements ne laissent place à aucun doute: Angèle Dubeau est l'un des grands noms du violon contemporain. La commande d'une œuvre pour violon et piano me fut communiquée par Angèle à l'été 1992. Nous nous connaissions déjà pour avoir enregistré ensemble un disque de musique sacrée pour violon et orgue quelques années auparavant et depuis, nous ne nous étions pas «perdues de vue». Angèle avait eu l'occasion d'entendre ma musique en concert, ce qui facilitait la relation «interprète-compositrice», car elle aimait déjà ce que j'écrivais. Une première grande étape était donc franchie.

La violoniste désirait une pièce d'une vingtaine de minutes composée pour paraître sur un disque de musique canadienne pour violon et piano. Composer pour un disque plaçait la barre un peu plus haute, car le disque transmet une musique à la postérité. Il fallait que l'œuvre soit le plus «achevée» possible. La musicienne me laissait entièrement libre quant à la forme. Une fois de plus, j'ai opté pour la tradition: la forme-sonate en quatre mouvements.

En grande pédagogue, Angèle Dubeau m'a expliqué les possibilités et les limites techniques de son instrument, a répondu à mes nombreuses questions tout en me précisant ses goûts et ses préférences dans le répertoire violonistique. J'approfondissais de la même façon que pour le *Concerto, Opus 21* ma connaissance de l'interprète et de sa personnalité musicale. Son approche du violon m'était parfaitement connue puisque j'avais endisqué avec elle. Encore une fois, nos personnalités concordaient et se complétaient admirablement. Même enthousiasme et même spontanéité dans la réaction de l'interprète à la remise du premier mouvement: la musique la comblait et il y avait quelques améliorations d'ordre technique à apporter. Angèle avait eu l'idée remarquable de venir chez moi me faire une lecture du premier mouvement «accompagnée» d'un petit magnétophone à cassettes. J'étais au piano et je pouvais écouter réellement tout le travail que j'entendais intérieurement depuis des semaines.

Pour la composition des trois autres mouvements, ce petit document sonore m'a été d'une très grande utilité et aujourd'hui, l'œuvre étant endisquée, il évoque secrètement pour moi le souvenir d'une inoubliable collaboration. Avant d'être enregistrée sur disque, la *Sonate pour violon et piano, Opus 23*, a été jouée en concert au Festival de Lanaudière (été 1993). Ce concert était télévisé et radiodiffusé; c'est avec amusement que je repense à la répétition générale de ce concert, qui avait eu lieu chez Angèle avec l'admirable pianiste Louise-Andrée Baril (qui avait reçu la partitition deux semaines auparavant) devant les caméras pour reportage à la télévision. Quelle soirée! L'excitation de la création de l'œuvre, sous la pression de l'approche imminente de l'événement, nous avait fait oublier la présence des caméras. Une complicité et une camaraderie se sont installées entre les trois «actrices» d'une façon tellement naturelle et spontanée que l'œuvre et son exécution s'en sont magnifiquement ressenties! Quelques mois plus tard, en studio pour l'enregistrement sur disque, la pièce avait donc eu l'occasion de «mûrir». La réaction du public au récital d'été à Lanaudière avait encore été convaincante tout comme l'exécution des interprètes avec lesquelles j'avais longuement travaillé la dynamique de l'œuvre. L'échange d'idées sur la conception de cette sonate, entre interprètes et compositrice, fut réciproquement très enrichissante!

Voilà, à mon sens, la véritable façon de créer. Cet idéal n'est malheureusement pas toujours accessible au créateur, mais il faut chercher à l'atteindre.

Pourquoi deux carrières?

Je crois profondément que plus l'artiste dispose de moyens d'expression, plus son message rayonne. Ces moyens sont nombreux et divers: l'interprétation et la création en sont deux parmi d'autres. Ils se complètent tous. L'interprète qui connaît, pour les avoir vécues, les difficultés que rencontre le créateur dans sa démarche est plus sensible dans sa vision d'une œuvre, et plus apte à la communiquer à l'auditeur. Toutefois, il n'est pas exclu qu'un exécutant possède ces dons de communicateur, sans composer lui-même. Pour moi, le fait de composer me permet, comme exécutante, de saisir une œuvre d'envergure dans toute sa dimension, dans sa «grande phrase», et de lui donner son sens le plus large tout en y conservant le souci du détail nécessaire à sa perfection d'exécution.

Aujourd'hui, beaucoup d'interprètes jouent «par oreille» une musique qu'ils ont entendue et réentendue sur disque. Il est malheureux de constater que, dans bien des cas, l'exécutant serait incapable de concevoir une interprétation personnelle de cette musique. À mon avis, ceci révèle la grave lacune d'une formation musicale où l'on fait peu de cas de la création: l'improvisation serait un excellent moyen d'y remédier.

Dans la musique baroque, les mouvements lents ne comportaient souvent que la base harmonique, au-dessus de laquelle le soliste avait tout loisir d'improviser son «Aria». De plus, dans les Concertos, jusqu'à tout récemment, les cadences de fin de mouvement étaient improvisées par le soliste. Fort heureusement, quelques artistes renouent avec cette belle tradition, qui apporte un aspect beaucoup plus personnel à l'interprétation; l'auditeur ne peut qu'en bénéficier. De nos jours, l'accent porte beaucoup plus sur la virtuosité à tout prix que sur la qualité intrinsèque de l'artiste-interprète. Le «syndrome de la fausse note» a atteint une grande couche du monde musical, ce qui a pour effet de neutraliser le véritable esprit artistique qui comporte nécessairement l'aspect créatif et le goût de prendre des risques. L'importance de l'industrie du disque en constitue aussi l'une des causes: on croit rassasier l'auditoire en lui offrant cette apparence de perfection, mais celui-ci ne s'en trouve pas entièrement satisfait. L'auditoire sent toujours le besoin vital de la communication directe avec l'artiste: il continue d'aller au concert et il apprécie l'artiste qui prend des risques.

Après un travail intensif de recherche créatrice, l'action d'interpréter la «musique des autres» m'apporte un repos bienfaisant. Aussi, je trouve dans la musique que j'aime et dans le geste de l'exécuter, un profond ressourcement. Dans ma démarche de compositrice, l'interprétation est d'une extrême nécessité. J'éprouve toujours beaucoup de bonheur à retrouver l'orgue et à communiquer avec l'auditeur par l'intermédiaire de cet instrument, tout comme le travail de composition me remplit d'une sensation de détente et d'un sentiment de satisfaction lorsque j'écris ou que j'achève une œuvre.

Faire coexister ces deux professions n'est pas de tout repos, il va sans dire! Le principal problème est le manque de temps: il faut produire et donner des résultats dans chacune de ces deux disciplines autant que l'artiste qui se consacre entièrement à une seule de ces deux activités. Il faut en quelque sorte jouer le rôle de deux personnages simultanément. Défi exigeant, mais combien exaltant: je n'abandonnerais l'une ou l'autre de ces vocations pour aucune considération.

Rapport entre interprètes et compositeurs contemporains

Une collaboration indispensable

À chaque époque de l'histoire de la composition musicale, les interprètes ont travaillé en étroite collaboration avec les créateurs. On rapporte que Maurice Ravel consacrait une grande partie de son travail de compositeur à consulter les exécutants sur la «jouabilité» de certains traits techniques ou sur la qualité sonore des orchestrations qu'il concevait. Plusieurs de ces étroites collaborations ont marqué leur époque. Que l'on pense, pour ne citer que ceux-là, au violoniste Eugène Ysaye et à César Frank; au violoniste Joseph Joachim et à Johannes Brahms; aussi, plus près de nous, au chef d'orchestre Paul Sacher et à Arthur Honegger, ainsi qu'à nombre d'autres compositeurs. Les interprètes étaient donc bien loin d'ignorer les compositeurs de leur temps et vice-versa. Il m'apparaît évident que ces manifestations de confiance, de respect et d'admiration mutuelle permettaient à chaque artiste de progresser dans son domaine respectif.

Laissons le passé pour évoquer le présent: quels sont, de nos jours, les moyens mis à la disposition du compositeur pour qu'il connaisse convenablement l'essence sonore d'un instrument, l'instrumentation et l'orchestration? Le concert, le disque, des traités d'orchestration et d'instrumentation, la télévision et l'ordinateur! C'est beaucoup et c'est peu... si tous ces moyens dispensent l'interprète de collaborer avec les créateurs. En effet, j'ai la ferme conviction que le domaine informatique, aussi utile et profitable soit-il, ne remplacera jamais l'être humain, le musicien vivant, en ce qui concerne la «chaîne de la création musicale».

Il est indiscutable que les compositeurs écrivent pour être joués et, par le fait même, qu'ils doivent être «jouables». Voilà la première situation où apparaît le besoin «vital» de l'interprète pour le créateur: les interprètes demeurent les plus compétents en matière de conseils sur les limites et les possibilités de leurs instruments. Aussi, l'émotion que doit susciter une pièce musicale chez l'auditeur doit passer par cet intermédiaire qu'est l'interprète et, donc, être profondément sentie par ce dernier. Si celui-ci ne trouve pas d'intérêt technique ou d'émotions profondes dans une œuvre, il est normal qu'il ne cherche pas à l'exécuter; mais je trouverais honnête et responsable que l'interprète s'exprime ouvertement auprès du compositeur pour lui en faire connaître les motifs, s'ils sont connus. Ainsi, les compositeurs et les interprètes assumeraient leurs véritables responsabilités en tenant compte de l'existence de l'un et l'autre, et de leurs efforts pour l'avancement de la connaissance de la musique auprès du public.

Craintes des interprètes

Les compositeurs d'aujourd'hui font face à un dangereux individualisme de la part des interprètes en général: heureusement, de nombreuses exceptions rendent moins sombre cette constatation. L'une des causes les plus déplorables de cet état de fait provient, selon moi, de la véritable répulsion qu'a provoquée la musique d'avant-garde auprès des instrumentistes qui ont, dans la plupart des cas, «abandonné la partie». Combien de fois ai-je aperçu un visage déconfit quand je mentionnais à un interprète que je composais! «Quel genre de musique, écris-tu?», me répliquait-on d'un air méfiant. L'air de soulagement que j'apercevais quand je mentionnais qu'il s'agissait d'une musique tonale, accessible et mélodique, m'en disait long sur les convictions de mon interlocuteur... Interprètes, qui lisez ce texte, rassurez-vous: beaucoup de compositeurs écrivent encore aujourd'hui de la musique qui «s'écoute bien», qui est jouable et qui ne mettra pas en péril la vie de votre précieux instrument!

Devoirs et obligations de l'un envers l'autre

Les interprètes déplorent fréquemment que la musique de leur temps soit mal écrite pour leurs instruments et leur impose des difficultés techniques qui ne les mettent pas en valeur. Comment le pauvre créateur pourra-t-il s'y retrouver s'il n'a jamais accès à une opinion «vivante» pendant qu'il compose? La conscience de l'existence et de la nécessité de l'autre devient un excellent point de départ. Le devoir du créateur est, avant tout, l'humilité. Cette modestie qui le rendra capable de remettre en cause la qualité de son travail et de considérer l'opinion éclairée du «praticien» instrumentiste. L'humilité de ne jamais croire le produit de son labeur sans reproche, voilà la première condition d'évolution pour le créateur. Le devoir de l'interprète, c'est la disponibilité. L'interprète qui considère complètement inutile la création actuelle en se disant que son instrument possède suffisamment de répertoire, et des chefs-d'œuvre en plus, est dans un état d'esprit qui, heureusement, n'animait pas ses prédécesseurs. En effet, que jouerait aujourd'hui ce même interprète si tous avaient eu la même idée avant lui? Les instrumentistes doivent faire preuve de vision et assurer «l'avenir de leur instrument». Si le créateur manifeste le sincère idéal d'écrire de la musique utile et bien faite pour votre instrument, chers musiciens, ne fermez pas la porte! Au contraire, encouragez-le à aimer et à respecter cet instrument de musique que vous chérissez tant et qui est la raison du choix de votre profession.

Que l'interprète fasse connaître, en la jouant, cette musique d'aujourd'hui qu'il considère valable, m'apparaît comme un devoir, car il constitue l'intermédiaire nécessaire entre le créateur et l'auditoire, cet auditoire qui attend de lui qu'il lui fasse connaître la musique qu'il «mérite». Or, le public mérite la belle musique de son temps: il serait malhonnête de le priver d'une partie de la beauté de son temps. L'auditeur est vivant, perceptif; l'interprète est vivant, expressif et communicatif; le compositeur est vivant, créatif: les trois ont leur raison d'être et leur «interactivité» est indispensable à l'expression de beauté que manifeste l'Art.

Comme compositrice, mon but premier est la communication avec l'auditeur. L'interprète, tout en étant l'intermédiaire «imposé» dans cette démarche, n'en constitue pas moins, à mon avis, un moteur, un canalisateur, et une nécessité stimulante qui en font souvent non seulement le premier auditeur de l'œuvre, mais aussi l'instigateur de la naissance de l'œuvre. Cette création «à deux» ou plus, ce complément de personnalités musicales, font de l'auditeur le témoin d'un Art en constante évolution, et un participant à cette évolution par son écoute active. Quand créer implique la mise à contribution de ces âmes qui font rayonner vers l'extérieur la Beauté universelle, voilà le but de la création atteint doublement: le créateur et l'interprète se trouvent affranchis du danger de l'égocentrisme artistique en s'engageant dans une démarche altruiste au départ. Écrire pour autrui; jouer la musique d'autrui, et faire de ces actions un message commun, ouvert sur le monde.

Les interprètes ont-ils le choix?

Non! À mon avis, créateurs et interprètes ont un besoin irrémédiable les uns des autres. Tout ce qui vient d'être établi nous en convainc. En outre, la création, dans tous les Arts, est indispensable à la Vie! Si, dans la musique, comme dans la peinture, la danse ou le théâtre, la création doit faire partie intégrante de la pratique de l'Art, l'interprète n'a «pas le choix». S'il aime son instrument et s'il existe pour son auditoire, il ne peut que désirer le mieux pour les deux. Que la création de leur temps soit digne de cette passion des interprètes pour la musique, et du public pour la musique et les musiciens. La musique est avant tout communication. Que les musiciens en soient la preuve vivante, pour en faire bénéficier les mélomanes qui ne demandent qu'à découvrir toujours plus et mieux la beauté des sons qui respectent l'intelligence de l'oreille humaine.

Deux carrières, un seul but

Ces deux carrières en constante interaction que sont pour moi celle de concertiste et celle de compositrice seront toujours d'une nécessité évidente. Les deux s'ancrent maintenant l'une dans l'autre, et sont indissociables. Jouer la «musique des autres» — devenant en quelque sorte «la mienne» quand je l'interprète — m'apporte un tel ressourcement et une telle énergie que je ne pourrais concevoir une vie musicale sans cet aspect de la pratique de l'Art. À travers l'interprète, ces compositeurs qui n'existent plus en chair et en os revivent par la beauté de son action: recréer la vie par la musique à chaque instant. De plus, en jouant les compositeurs de mon temps, ma participation physique et spirituelle à la recréation d'une œuvre musicale m'apporte un élément de l'existence artistique que je ne saurais trouver dans la composition. Par contre, la composition me permet de donner vie à une musique au lieu de simplement la sortir du silence. Le geste est plus intense et le message plus personnel. Je ne me soucie guère d'inventer le chef-d'œuvre du siècle quand j'écris: je laisse parler mes vibrations intérieures et profondes en utilisant la meilleure technique possible, dans l'intention toujours présente d'être bien comprise par les mélomanes de «bonne volonté».

L'avenir décidera, et l'auditoire surtout, si ces œuvres méritent de survivre aux années. Pour l'instant, je cherche à ce qu'elles soient transmises sans entrave, à l'auditoire, par l'intermédiaire... des interprètes. En créant, chacun à sa façon, le compositeur et l'interprète continueront à faire de la Musique le langage le plus universel qui soit, pour le bonheur des mélomanes qui, par leur écoute et leurs émotions, recréent, eux aussi, la VIE.

PHOTO: EXCEL PHOTO STUDIO

3

Anne Lauber

Au-delà des diplômes

Anne Lauber

Anne Lauber
a composé plus de trente œuvres
pour formation de chambre, chœur,
orchestre, instrument solo, etc.
Intéressée par la musique de film,
elle a écrit la bande sonore de la série Le Sorcier,
réalisée par Jean-Claude Labrecque.
Ses pièces sont interprétées
par des artistes de calibre international de même
que par les principaux orchestres canadiens,
dont l'Orchestre symphonique de Toronto,
l'Orchestre symphonique de Montréal,
l'Orchestre métropolitain,
l'Orchestre du Centre national des arts à Ottawa et
l'Orchestre symphonique de Québec;
elles sont jouées en Europe, en Afrique du Sud,
en Argentine et aux États-Unis,
notamment par l'Orchestre de Denver au Colorado.
Anne Lauber a occupé le poste de présidente
du Centre de musique canadienne au Québec
et enseigne actuellement
à l'Université du Québec à Montréal.

«Le nouveau et l'original
s'enfantent d'eux-mêmes
sans qu'on y pense.»

Ludwig van Beethoven

La musique est le seul langage qui ne nécessite aucune traduction. Elle est directe et chacun la reçoit et l'interprète selon sa sensibilité. Elle est donc unique, universelle et sacrée. Au fil de mon travail de compositrice, j'ai été de plus en plus attirée par ce côté sacré dans le sens universel du terme. Ne pratiquant aucune religion, j'y ai peut-être trouvé ce que, tous, nous cherchons plus ou moins consciemment: un idéal mystique, une perfection, une émotion spirituelle.

La musique peut unir et réunir les personnalités et les coutumes les plus diversifiées. Elle abolit les barrières. Elle élargit les limites. Grâce à Rachmaninov dont j'ai «religieusement» écouté les *Vêpres* (opus 37), l'envie de composer une œuvre à caractère religieux m'est venue et, par le fait même, l'idée de réunir les trois grandes religions monothéistes juive, chrétienne et musulmane. Au-delà des religions, la musique devenait ainsi le lien pouvant unir les différences dans un message de paix et de respect mutuel.

J'ai été surprise de la facilité avec laquelle les choses se sont mises en place. Les trois grandes religions ont accepté d'unir leurs voix. Le Rabbin Moïse Ohana de la Synagogue Or Hahayim, l'Imam Fida Bukhari de la Mosquée de Ville St-Laurent et le père Benoît Lacroix du couvent St-Albert-le-Grand ont donné leur accord. J'ai eu le plaisir de m'inspirer des textes et mélodies sacrés habituellement chantés dans les églises et les synagogues. J'ai été guidée par deux ethnomusicologues, les docteurs Dina Sabbah et Louis Hage spécialisés en musique hébraïque et maronite. J'ai été reçue à la Mosquée pour concevoir une manière d'inclure les psalmodies musulmanes dans ma partition sans enfreindre les lois du Coran. La *Cantate 3, prière pour la paix*, est ainsi née de cette fusion de l'orchestre I Musici de

Montréal, de trois chorales et d'un chœur d'enfants formé des trois communautés. L'événement a été placé sous l'égide des Artistes pour la Paix, organisation n'ayant aucun but politique ou religieux. La création est fixée au 11 novembre 1996, salle Pierre-Mercure à l'UQAM.

Cette expérience a marqué ma vie en me permettant de puiser mon inspiration à la source même des mélodies sacrées de ces trois grandes religions, de les travailler, les développer, les varier, avec un continuel souci du respect des traditions et de leurs origines. J'ai toujours cru en la puissance des sons, en leurs influences. Mais aujourd'hui, je sais aussi que la musique réunit et aplanit les différences. Cette œuvre en est la preuve, et j'espère qu'elle servira d'exemple afin que d'autres fassent mieux encore.

Il me semble que toutes mes recherches ont trouvé leur aboutissement dans cette partition. Aujourd'hui, mon envie d'écrire de la musique sacrée se fait davantage ressentir, et ce, indépendamment d'une religion ou d'une autre, car l'œuvre peut être sacrée sans utiliser de texte ou de voix. Elle peut s'inspirer d'une psalmodie, d'un thème religieux ou simplement en exprimer l'atmosphère. L'important est qu'elle atteigne son but: transmettre le message et que ce message soit authentique.

Le geste créateur

Le dictionnaire Larousse définit le mot «créer» par «tirer du néant..., faire naître, réaliser ce qui n'existait pas...» Il ne faut pas confondre création et invention: la création est reliée à l'art, tandis que l'invention est le résultat d'un travail de recherche, basé sur des données précises. La création se différencie par une attitude à la fois plus abstraite et plus personnelle.

Mais créer veut-il vraiment dire «tirer du néant»? Est-ce bien extraire et donner vie à ce qui n'existe pas? Il ne faudrait pas nier les influences, facteurs indispensables à toute évolution. D'ailleurs ce qui forme une personnalité est avant tout un choix d'influences plus ou moins consciemment recueillies, certaines assimilées malgré soi.

Pour le créateur, la question primordiale est «qui suis-je?». Dans un deuxième temps, il se posera les questions «qu'ai-je à dire?» et «comment le dire, quel langage utiliser?»...

Composer de la musique est avant tout un moyen de communiquer. Créer est un geste personnel, issu du plus profond de soi-même et tourné vers les autres. Le créateur a besoin du miroir de la vie, du contexte de la société pour s'affirmer. Mais la créativité est aussi affaire d'indépendance. Ne voulant pas se répéter, le créateur a pour idéal de se prolonger à chaque fois dans une œuvre différente et qui, pourtant, lui est propre. Même s'il a conscience de lui-même, de son art, de ses activités passées, il se tourne vers l'inconnu. Il éprouve un désir intense de se réaliser plus complètement à travers son œuvre. Pourtant, il ne sait pas encore ce qu'il sera une fois le travail achevé, ni quels changements se seront accomplis en lui durant le parcours. C'est le travail et la recherche de la pierre philosophale.

On ne choisit pas d'être créateur: on l'est de naissance. La créativité inhérente à chaque individu se retrouve simplement à plus forte dose avec une nécessité vitale de la mettre en action chez le compositeur ou toute autre personne utilisant une forme d'art impliquant la création. Comment se fait-il alors que l'on suive une route plutôt qu'une autre?

Un facteur dominant de ce XXe siècle est l'importance attribuée à l'originalité. Sous prétexte d'originalité, les créateurs ont innové, souvent n'importe comment. Or l'originalité est un des traits les plus marquants de la personnalité: elle ne s'acquiert pas. D'une part, dans quelque domaine que ce soit, la personne originale évolue indépendamment des autres. Ce trait de caractère lui appartient de naissance. Je ne crois pas à une originalité étudiée, apprise. D'autre part, un être fantasque ou farfelu n'est pas nécessairement original: il peut avoir tout simplement certaines facilités d'improvisation à des moments donnés. L'originalité est beaucoup plus profonde et se fond dans la personnalité. L'être original se distingue par sa faculté très spéciale de recevoir, de transmettre, de comprendre et d'interpréter les choses. Le mouvement de sa pensée n'est que l'élan naturel de sa personnalité, ce qui l'amène à une affirmation de lui-même malgré les contraintes extérieures. Sa faculté d'adaptation est, par conséquent, relativement grande. Sans rejeter nécessairement les idées d'autrui et même recherchant les opinions différentes, l'original fera sa propre synthèse qui lui indiquera la direction à prendre.

En musique, toutefois, les techniques de composition contemporaines, procédant par déductions mathématiques, ne laissent que peu de place à l'originalité inspirée, intuitive, personnelle. Après les avoir étudiées et tournées dans tous les sens, j'en suis venue à la conclusion que cette mécanique ne pouvait conduire qu'à l'étouffement de toute spontanéité. Et pourtant, d'autres diront le contraire. Je me souviens de cette anecdote concernant le compositeur Serge Garant, alors mon directeur de thèse. Après avoir initié les étudiants aux savants calculs qui avaient présidé à la composition de son œuvre intitulée *Asymétries* pour piano seul (1958), il nous raconta comment, dans un geste de création intense et spontané, il avait ensuite effacé au hasard quelques notes et arpèges dans sa partition pour lui donner une touche personnelle! Mais, précisa-t-il, tout ce qui restait était en place, car minutieusement calculé. Que la structure soit, qu'elle soit avant tout visible, même si on ne l'entend pas! Très fier de son travail, un étudiant, digne disciple du maître, avait annoncé de son côté: «J'ai tout calculé, il ne me reste qu'à écrire les notes». Il n'a jamais su répondre à la question «mais quelle est ton idée musicale...?» C'était très secondaire...

On peut se demander où se situe l'inspiration dans ces amas de chiffres et de combinaisons possibles que le créateur confie parfois à l'ordinateur. On vous répondra qu'elle se situe dans le choix que l'on fait des formules mathématiques et rythmiques... Les titres des œuvres prennent de l'importance: plus ils sont sophistiqués, plus les œuvres paraissent scientifiques! Pourquoi pas, car tout cela est bien à l'image du XXe siècle: un siècle aride, rapide, technique; un siècle de structures. À ce niveau-là, la musique dite contemporaine se justifie, mais au détriment de l'individu, au détriment de l'originalité profonde et personnelle, au détriment de l'imaginaire.

Il faut pourtant comprendre que la faculté d'imaginer permet au créateur d'élargir sa vision du monde et de lui-même. Dans ce cas, l'imagination devient un outil engendrant une succession infinie de gestes. Or, en appliquant des formules toutes faites, l'imagination s'annihile au lieu de s'épanouir.

Le XXe siècle est aussi le siècle où l'on se bat avec la matière. En ce sens, la démarche dite contemporaine se justifie à nouveau. L'écrivain se sert des mots avec lesquels il élabore des phrases; le peintre utilise les couleurs; le sculpteur, le bois ou la pierre; le musicien, les sons. Chacun a sa propre connaissance mais tous, d'une façon ou d'une autre, agencent les moyens techniques pour en faire une structure qui, formée de divers détails, sera un tout. Ainsi, la matière engendre la structure. Mais, encore une fois, l'utilisation de la matière, l'action de structurer une œuvre d'art devrait n'impliquer que la discipline de l'imagination du créateur et non pas l'aliénation de celle-ci.

Dans quelle mesure la structure fait-elle appel à l'imagination et dans quelle mesure l'imagination peut-elle provoquer la structure? La réponse à cette question est, bien sûr, relative puisqu'elle dépend à la fois de la personnalité du créateur et de l'œuvre elle-même. Toutefois, pour l'avoir expérimenté, il me semble possible que l'une puisse faire appel à l'autre ou être issue de l'autre. Une œuvre peut être un chef-d'œuvre sur le plan structurel, tout comme une improvisation spontanée peut émouvoir profondément. Mais des dangers existent: la structure peut freiner l'instinct et l'étouffer, ou l'instinct, s'il n'est pas contrôlé, pourra rendre l'œuvre incohérente… Je pense, au fond, qu'il faut un juste équilibre des deux pour posséder un langage musical compréhensible, donc communicatif. La structure a toujours été et devrait toujours être cet outil primordial, indispensable qui, humblement, s'efface devant l'Art pour lui servir de soutien invisible.

Ce XXe siècle aura donc été celui de l'hyperstructure musicale, où la technique étouffe très souvent l'intuition et l'originalité. Mais plus grave encore est l'endoctrinement fait non seulement au sein des universités et des écoles de musique, mais encore auprès du public. On doit écouter cette musique, nous dit-on. Et si on ne l'aime pas, nous dit-on encore, c'est parce qu'elle charrie un langage savant que seuls quelques initiés comprennent. Il faut donc faire semblant d'aimer pour ne pas avoir l'air idiot...

L'influence du milieu

L'influence du milieu est forte! Inévitable! Le XXe siècle utilise toutes sortes de langages musicaux de plus en plus sophistiqués, à l'image de ce qu'il est: technologique. Le créateur n'a que peu de choix:

- ignorer ces techniques;
- les étudier;
- les utiliser;
- s'en inspirer pour en faire son propre langage.

Dans un premier temps, j'ai choisi de les étudier. Voulant gagner ma vie en tant que musicienne, il me fallait obligatoirement passer par la voie hiérarchique des diplômes. Or, pour obtenir ces certificat, maîtrise et doctorat, une seule possibilité s'offrait: plier ma personnalité, mes goûts, mon inspiration aux techniques dites modernes.

J'ai traversé les couloirs de l'Université de Montréal dans ce climat. J'ai étudié, compris et obtenu mes diplômes. Pire, j'ai joué avec le système, j'ai appliqué ses méthodes tout en étant consciente qu'elles allaient à l'encontre de ma personnalité.

Il fallait vivre mon siècle, se plier à ses exigences... Après avoir savamment tourné quelques formules mathématiques dans une œuvre gigantesque pour orchestre symphonique intitulée *Osmose* (1981), il m'a fallu défendre cette thèse de maîtrise en expliquant et en justifiant la présence de chaque note. Cela m'a valu les éloges de mon directeur. Et pourtant, cette œuvre ne sera jamais jouée pour la simple raison qu'elle est injouable! Il faudrait à un orchestre d'êtres humains au moins 20 heures de répétitions pour venir à bout des élucubrations mathématiques et rythmiques d'une telle complexité qu'elle n'engendre que des difficultés: cela pour un résultat sonore des plus dissonants. Mais quelle belle écriture que toutes ces notes qui se bousculent sur papier! Et quelle structure!

Papier de maîtrise en poche, j'ai décidé de poursuivre au niveau du doctorat. Lasse de n'utiliser que des dissonances, j'ai cru bien faire en intitulant mon travail de recherche «Récupération des consonances dans un contexte atonal»... autrement dit, je ne demandais que timidement la permission d'utiliser quelques tierces et quintes (base du langage traditionnel) à l'intérieur d'une œuvre éminemment dissonante (base du langage contemporain)*. Juste quelques sons, une recherche, un essai, récupérer le passé dans un contexte largement et principalement actuel. Cela m'a été refusé. Nous étions en 1984. On criait au meurtre dès qu'un son harmonieux se faisait entendre. «Vous remettez 100 ans d'histoire de la musique en question, m'a-t-on répondu, l'Université ne peut endosser cela!»

Ayant la «tête dure», j'ai contourné le problème et changé le titre pour *Élargissement du système tonal*. Plutôt que d'introduire les techniques anciennes dans un langage contemporain, j'allais élargir les modes et gammes traditionnels pour les rendre plus modernes...Cela a été accepté. Il était moins dangereux d'élargir le passé pour le moderniser que de renouer avec la tradition.

Finalement, j'y ai gagné. Car ma première grande œuvre, celle que je ne renierai jamais, a vu le jour: l'*Oratorio Jesus Christus*, créé en 1986 à la basilique Notre-Dame par l'Orchestre Métropolitain sous la direction de Mario Bernardi. En travaillant à cette œuvre, j'ai compris que le passé et le présent pouvaient se rejoindre. Qu'il était possible d'unir, d'unifier 3 ou 4 techniques d'écriture différentes.

---

* Voir le petit lexique à la page 165.

Que tout n'était pas perdu, que la vie est une et indivisible, que ce qui existe aujourd'hui s'apparente malgré tout à ce qui était hier. Que la musique peut être plus forte que les influences, et que les modes peuvent se plier à la volonté du créateur. Que la création est avant tout une grande liberté. Il faut qu'il en soit ainsi.

Mais surtout, j'ai appris que, après avoir vécu les extrêmes, nous obtiendrions le juste milieu. J'ai été convaincue, tout au long de ce travail qu'un jour l'Art dit «moderne» s'assouplirait et qu'il n'avait rien perdu de son humanité. J'ai su qu'avant chaque évolution, il y avait obligatoirement révolution et que ce n'était que cette révolution qui m'avait été imposée. J'ai su que ce que j'avais appris des techniques contemporaines pourrait me servir à l'occasion et qu'en établissant des limites très strictes, je n'avais qu'agrandi ma force et mon désir de liberté.

Cette œuvre, en quatre parties, résumait une histoire connue de tous: la vie du Christ. Pas besoin donc d'un livret sophistiqué. Je pouvais illustrer les principales étapes de sa vie au moyen de sons et par l'utilisation de techniques adaptées aux moments choisis. Pour la première partie, la Nativité, j'ai eu le plaisir d'utiliser toutes les consonances et tonalités traditionnelles possibles, étant donné le caractère joyeux de l'histoire racontée. Pour la deuxième partie, les Béatitudes qui retraçaient dans les grandes lignes la vie adulte de Jésus, j'ai utilisé un langage poly-harmonique, créant une impression de tension-détente, d'oscillations entre le bien et le mal car le message prometteur d'un paradis heureux me permettait la résolution des dissonances. Quant à la Passion, il y avait, là, matière à agressivité, cuivres et percussions créant un climat où les techniques contemporaines avaient enfin leur place. Cependant, pas question de terminer sur ces notes discordantes. La Résurrection me donnait la possibilité d'un retour aux sonorités harmonieuses, le tout ayant une structure en forme de cercle (symbole d'éternité) me ramenant au point de départ: l'utilisation d'une harmonisation traditionnelle et mélodique...!

Ce fut la fin de l'hyperstructure et le début de l'affirmation d'un langage résolument personnel. Serge Garant n'a rien dit: était-il étonné, déçu? Je ne le saurais jamais.

L'après-diplôme

Aujourd'hui, 10 ans plus tard, nous constatons que tout le système s'assouplit, tel que je l'avais espéré. Nous commençons à atteindre le juste milieu. Nous commençons à nous ré-humaniser dans l'art. Mais il y a divisions. Ceux qui se ré-approprient certaines consonances et qui, timidement, parlent de lyrisme et parfois même de mélodie, et ceux qui, farouchement, se ferment sur leurs techniques dites modernes. À chacun sa liberté!

C'est le début d'une nouvelle naissance: la recherche d'un langage plus personnel, basé sur des techniques traditionnelles, mais pouvant à l'occasion élargir ses limites. Il y eu plusieurs essais. Il faut dire que l'exécution de mon Oratorio demandait environ 90 minutes. Nous avions le temps de changer de monde, le temps de préparer l'auditeur à un climat différent, le temps d'élaborer les transitions. Mais dans le cadre d'une œuvre plus courte, ces procédés sont plus difficiles. Il m'a fallu expérimenter, revoir, corriger, recommencer.

Ce fut alors une période de transition et aussi de grand ménage. J'ai détruit une dizaine de partitions dans un joyeux feu d'artifice. Quel plaisir de voir se tordre sous les flammes toutes ces notes dissonantes dont la raison d'être ne se justifiait que par de savants calculs!

D'autres tentatives de fusion «passé/présent» ont vu le jour, par exemple ma musique pour le film «L'Affaire Coffin». J'y ai superposé les bons et les méchants, les bons étant le langage mélodique et traditionnel au piano, accompagné par un orchestre agressif et avant-gardiste qui représentait les méchants. Le tout se terminant par la mort libératrice de l'accusé. Le cinéma se prête admirablement bien à ce genre de langage: l'image et l'action soutenant le processus.

Aujourd'hui

Et aujourd'hui? Aujourd'hui est à la fois passé, présent et avenir. L'enfance, l'adolescence, l'âge mûr, voilà toutes des étapes interreliées. Rien ne se perd, rien n'est perdu! Il faut simplement en être conscient. Ce que nous sommes n'est que le résultat de ce que nous avons été. Tout créateur est influençable, se nourrissant des autres et de lui-même, parfois à son insu. Il faut ensuite que cette nourriture soit retransmise de manière consciente et voulue, dans un langage clair et précis. À lui de trouver ce langage, celui de son intégrité. Car avant tout, un créateur se doit d'être honnête face à lui-même. C'est peut-être le plus difficile.

La démocratie régit nos gouvernements. Du moins, c'est ce qu'on nous dit. Mais cette démocratie est articulée, manipulée, voire imposée. En musique, des gens tentent de nous imposer un style. Dans les écoles de musique, comme dans les organismes de subventions. Si on n'est pas jugé assez «moderne», selon le goût de l'époque et selon les juges (des confrères, donc directement impliqués), on nous coupera les vivres. Telle est la réalité! Alors le créateur, le vrai - celui ou celle qui croit en son art ou mieux, qui n'a pas le choix car écrire est pour lui ou elle une nécessité - écrira tout de même. Il survivra non seulement aux pressions esthétiques, mais aussi aux problèmes financiers. Il survivra malgré les modes imposées, malgré les critiques, malgré tout. Il écrira et, mieux, il sera joué!

Et le public? Ce public qui ignore nos contraintes et à qui on impose tel style? Il n'en est pas conscient, mais il détient le pouvoir. C'est le public qui a toujours fait et qui fera encore l'histoire. Si une œuvre est mal reçue, si un interprète est sifflé à chaque fois qu'il exécute une œuvre qui «ne passe pas la rampe», il ne la jouera plus. Mais le public est muet. On l'a traité d'illettré, il ferme les yeux et les oreilles. Ce n'est qu'un mauvais moment à passer, il est généreux, il attend. Peut-être attend-il le XXIe siècle?

L'être humain a toujours exploré. Il a toujours cherché, parfois il a trouvé. Cela fait partie de l'évolution, car rien n'est acquis, rien n'est définitif. Tout geste n'est qu'une amorce vers autre chose. Toute découverte est relative. Mais une chose est certaine: tout est dualité. La vie a toujours oscillé entre le positif et le négatif. L'équilibre entre les deux fait l'harmonie.

Il faut parfois se plier aux exigences extérieures pour suivre une route que l'on n'aurait pas choisie sans contrainte. L'important est d'en sortir enrichi, quoi qu'il arrive. De trouver le bagage nécessaire, si petit soit-il pour continuer sa marche dans un but d'autonomie et de sincérité. Car avant tout le créateur se doit d'être sincère. Appliquer une technique est une chose. L'utiliser à des fins personnelles, ou simplement s'en inspirer à quelques reprises, et ce, malgré des années d'études, permettra d'en extraire l'essence.

Cette route que j'ai suivie m'a donné les diplômes nécessaires pour gagner ma vie en musique. C'est le métier que j'aime. Cependant, on ne m'a pas confié un poste de professeure de composition. Lorsque je suis entrée dans le marché du travail, la pression «contemporaine» était trop forte. On a eu peur de mon influence auprès des étudiants. Car le professeur de composition est avant tout le miroir de l'autre, celui dans lequel l'étudiant se reflète. Il faut aider le jeune compositeur à prendre conscience de ce qu'il est afin qu'il puisse s'exprimer d'une manière personnelle. Or, c'est l'inverse qui se produit et, le plus souvent, on cherche à créer des disciples. L'Égo du créateur est fort et parfois même à son insu, il provoque sa ressemblance. Permettre à un étudiant de choisir sa technique selon ses goûts, le mettre simplement en face de sa réalité est une générosité dont peu sont conscients. Extraire de l'autre sa propre essence pour la lui remettre avec la connaissance n'est pas facile. Il faut savoir qui est l'autre et si ce qu'il écrit reflète sa personnalité. Il faudra vérifier s'il n'est pas étouffé par une technique qui lui est imposée et si l'utilisation qu'il fait du matériau sonore est son propre choix. Nous saurons ainsi s'il a du talent ou non. Il faudra concevoir sa réalité afin qu'il devienne de plus en plus autonome et convaincu de ce qu'il veut dire. Ceci est plus difficile que les cours d'analyse, de formation auditive ou d'harmonie car, en plus de transmettre la théorie, il faut aider l'autre à se révéler à lui-même pour, ensuite, mieux communiquer aux autres.

L'important est d'aller au-delà des diplômes. Dépasser le cadre académique, les structures établies, aller vers une liberté d'expression avant tout personnelle. Ce que j'écris aujourd'hui, je le renierai peut-être demain. L'important se situe dans le moment présent porteur d'avenir. Toutefois, la grande humilité est de savoir que demain sera peut-être différent. Mais c'est aussi cela le grand espoir, les signes certains que l'Art a toujours été et sera toujours en évolution. En ce sens, tout a été dit, mais aussi, heureusement, tout reste encore à dire.

PHOTO: COLLECTION PERSONNELLE

4

Antoine Ouellette

Pour réconcilier nature et culture

Antoine Ouellette

Né en 1960 à Montréal,
Antoine Ouellette a été reçu biologiste (1982)
avant de se consacrer entièrement à la musique.
Détenteur d'une maîtrise en musicologie (1990),
il enseigne l'histoire de la musique,
notamment à l'Université du Québec à Montréal,
et est aussi chef de chœur.
C'est parallèlement à ses études
scientifiques et musicologiques
qu'il a forgé son style de compositeur.
Sa musique s'inscrit
dans la tradition classique occidentale,
avec une affinité particulière
pour le chant grégorien.
On peut aussi y déceler des éléments
suggérant certaines musiques d'Orient,
voire même populaires,
et des techniques de composition
tout à fait contemporaines
mais transposées ici dans un contexte
modal et consonant bien personnel.
Cela sans oublier les échos
des sons sublimes de la nature.

Un éclair:
dans l'obscurité éclate
le cri d'un héron.»

Matsuo Bashô (poète japonais)
1644-1694

Il semble que ce soit inévitable! La première question que l'on pose à un compositeur aujourd'hui tourne toujours autour de: «À quel courant vous identifiez-vous?», ou: «Comment vous situez-vous parmi tous les courants actuels?».

Et pour cause: mille et un courants sollicitent effectivement un compositeur aujourd'hui: alternatif, nouvel-âge, sérialisme, minimalisme, post-modernisme, «World beat», néo-classique, électroacoustique, stochastique, spectral, multimédia éclaté, modal, polymodal, «cinéma par le son», chanson, tonal, improvisation, jazz, rock... Suivis d'engouements bien éphémères: si la semaine dernière on ne jurait encore que par la «Nouvelle simplicité», la mode du jour est maintenant la «Nouvelle complexité». Et vogue la galère!

Il faut savoir que ces courants contradictoires s'entrechoquent, se métissent, se méprisent, s'envient en secret: leur agitation fébrile ressemble tellement à celle de nos vies! Il faut cependant savoir aussi qu'en matière de financement artistique d'État, les «lignes de partis» sont encore plus déterminantes qu'en politique: malgré les apparences de pluralisme, gare à qui n'est pas situé du «bon côté» au «bon moment»!

Les grands idéaux

Il faut surtout remettre les choses en perspective. Car les compositeurs reviennent de loin... Au XVIIIe siècle, ils étaient traités comme des domestiques, comme des valets. À Leipzig, Jean-Sébastien Bach (1685-1750) crée ses chefs-d'œuvre au milieu de servitudes pénibles. À Esterhazy, Joseph Haydn (1732-1809) doit même veiller, par obligation contractuelle formelle, à ce que les perruques des musiciens de son orchestre soient bien poudrées[1]! À Salzbourg, Wolfgang Amadeus Mozart (1756-1791) se fait mettre à la porte avec un vigoureux coup de pied au derrière; cela évidemment sans aucune indemnité de départ ni prestations d'assurance-chômage! Mais les temps changèrent. À la toute fin du XVIIIe siècle, grâce à la forte personnalité de compositeurs au premier rang desquels se trouve Ludwig van Beethoven (1770-1827), grâce aussi au nouvel esprit romantique qui «contamine» alors les arts comme la société en général, l'artiste-créateur est maintenant adulé; culte est désormais rendu à l'individu de génie. Le XIXe siècle sera marqué du sceau d'une liberté exceptionnelle: délivrés de la tutelle des nobles, les compositeurs ne sont pas encore soumis aux pressions et aux diktats de l'industrie culturelle qui naîtra le siècle suivant...

Dans l'euphorie du moment, certains musiciens transforment rapidement cette liberté nouvellement conquise en ambitions spirituelles illimitées. Dès 1835, Franz Liszt (compositeur hongrois, 1811-1886) écrivait: «Nous avons Foi en l'Art, nous y croyons sérieusement comme nous croyons à Dieu et à l'humanité dont l'Art est le Verbe sublime. Nous exhortons tous les musiciens, tous ceux qui ont un sentiment large et profond de l'Art, à établir entre eux un lien commun, fraternel, religieux, à instaurer une société universelle.[2]» Richard Wagner (1813-1883) fait bâtir un véritable temple pour l'exécution de ses seuls opéras, le Festspielhaus de Bayreuth. Il conçoit *Parsifal*, son dernier opéra, comme la Messe Ultime, le Sacrifice suprême qui assurera à l'humanité toute entière sa Rédemption. L'œuvre est d'ailleurs sous-titrée: *Action Sacrée...* Alexandre Scriabine (1872-1915) considère la musique comme «une force d'une puissance incommensurable appelée à transformer l'Homme et le Cosmos tout entier»[3]. Il projette un «Mystère», œuvre d'art «totale», destiné à être joué dans un temple spécialement construit pour la cause dans une ville sacrée de l'Inde[4]. Lointain héritier de ce rêve utopique, Karlheinz Stockhausen (né en 1928) élabore *Licht (Lumière)*, un opéra d'une durée d'une semaine accumulant les références à toutes les spiritualités: christianisme, hindouisme, animisme, bouddhisme, et même au culte des Anges, à la télépathie, aux extraterrestres, etc. Une œuvre-refuge troublante et pathétique d'un homme prodigieusement doué mais traumatisé par une enfance effroyable[5] et qui, par le biais de l'art, n'a cessé de chercher à créer un monde idéal, meilleur, un paradis en marge du monde d'ici-bas... L'avenir serait-il donc à l'inflation d'une spiritualité exacerbée, nébuleuse, désincarnée et passablement névrosée?

Le désarroi

Non, pas uniquement en tous cas. Car parallèlement, l'Art-Rédempteur hérité du XIXe siècle s'est aussi profondément réformé, cela dès le début du XXe siècle. Tout d'abord, aux environs de la Première Guerre mondiale, il y eut une violente réaction anti-idéaliste dans le monde des arts. Sous les applaudissements nourris de l'«avant-garde», un peintre du nom de Marcel Duchamp (1887-1968) mit des moustaches à la Joconde de Leonardo da Vinci et, sous elle, les lettres L.H.O.O.Q. Il s'agissait de profaner les chefs-d'œuvre d'une civilisation qui, en dépit de tous ses beaux idéaux, semblait totalement impuissante devant la montée de sa propre violence...

Puis, les artistes réalisèrent, probablement avec un peu d'effroi, que la Rédemption de l'humanité risquait fort de leur glisser entre les doigts au profit de la science et des techniques, dont les réalisations spectaculaires dans les domaines des communications, des transports, de la médecine, semblaient annoncer les véritables lendemains qui chantent[6]. Eurent-ils alors honte de «n'être que des musiciens»? Chose certaine, l'Art-Rédempteur resta tout autant missionnaire qu'auparavant, mais troqua l'habit religieux pour l'habit scientifique. Beaucoup se firent ainsi chantres de la Science et du Modernisme. Si au Moyen Âge les grands auteurs-compositeurs se nommaient eux-mêmes du beau titre de «Trouveurs» (parce qu'ils trouvaient et le chant et les mots de leurs pièces), voilà qu'en ce début de XXe siècle, nombreux se déclarèrent «Chercheurs», décalquant ainsi la sphère scientifique. De «Trouveurs» à «Chercheurs»: c'est toute la mesure du changement opéré!

En 1913, dans son «manifeste futuriste» intitulé *L'art des bruits*, Luigi Russolo (1885-1947) écrit: «Nous prenons infiniment plus de plaisir à combiner des bruits de tramways, d'autos, de voitures et de foules criardes qu'à écouter encore l' *Héroïque* ou la *Pastorale*[7]... Il faut remplacer la variété restreinte des timbres des instruments que possède l'orchestre par la variété infinie des timbres des bruits obtenus au moyen de mécanismes spéciaux... Cette évolution de la musique vers le son-bruit est parallèle à la multiplication grandissante des machines... Que tous les jeunes musiciens vraiment doués et audacieux s'engagent dans cette voie futuriste»... Le fils spirituel de Russolo, Edgar Varèse (1883-1965) tenta de poétiser par la musique la science la plus avancée de son temps, ainsi qu'en témoignent les titres de certaines de ses œuvres composées après 1920: *Densité 21,5, Hyperprisme, Intégrales, Ionisation*... Quelques décennies plus tard, dans l'élan ainsi donné, bien des compositeurs en furent rendus à utiliser un lourd jargon technocratique pour justifier et expliquer leurs œuvres: «Partant d'une donnée théorique qui veut qu'une gamme soit divisée en 11 intervalles d'un demi-ton, l'œuvre présente aura 11 parties. La durée d'exécution de chacune des divisions sera proportionnelle à l'étendue de l'intervalle initial, la proportion étant basée sur une durée de 19 secondes par demi-ton. Si l'intervalle initial d'une des parties est celui de mi bémol à do dièse, soit un intervalle de deux demi-tons, l'exécution de cette partie durera 2 X 19 secondes, soit 38 secondes»[8]. Cette citation est tirée non pas d'un ouvrage spécialisé, mais de simples notes de concert destinées au grand public! L'important n'est donc plus tellement d'être compris mais bien plutôt de démontrer, gros comme ça, avec autant d'ostentation que possible, qu'on est «Chercheurs»! Dans les cercles soi-disant «avancés», le temps était venu où dire d'une œuvre qu'elle était «musicale» serait péjoratif!

Au fond, tout cela traduit l'immense désarroi du compositeur classique du XXe siècle qui, anxieusement, cherche sa place dans la société; une société transformée par la technique et par la consommation et qui a désormais redéfini l'art comme «loisir culturel», sinon comme «produit» d'une «industrie culturelle»...

Néanmoins, étant donné cette recherche frénétique et intense, le XXe siècle a presque tout réalisé; en tout cas, il n'a pas négligé de parcourir les régions extrêmes. Les musiques les plus rigoureusement calculées (sérialisme intégral) répondent aux musiques les plus follement indéterminées (conceptions aléatoires de John Cage); l'exploration minutieuse d'un seul son, d'une seule note (Giacinto Scelsi) se double de l'extension du spectre des fréquences sonores jusqu'aux extrêmes limites de l'audition humaine (électro-acoustique). D'où la multiplicité des courants musicaux contradictoires… Et surtout, une immense littérature-fleuve sur la musique a été élaborée. Chaque compositeur cherchant à se justifier longuement, le discours sur la musique a fini par prendre plus de place que la musique elle-même, la démarche par intéresser davantage que les œuvres elles-mêmes. À la limite, ces dernières sont devenues comme des démonstrations plus ou moins accessoires des idées, comme des prétextes au discours…

Évidemment, dans tout art, il y a une place importante pour la réflexion fondamentale: il n'est pas question ici de le nier, bien au contraire. Mais ce n'est plus de cela dont il s'agit: nous assistons plutôt à une véritable foire au bavardage[9]!

La musique peut se consoler en se disant qu'elle n'est pas seule à subir ce triste sort. «Entre aller au Ciel et assister à une conférence sur le Ciel, nous choisirons plutôt la conférence!»: je crois bien que c'est le philosophe indien Krisnamurti (1895-1986) qui faisait cette remarque autant amusante que tragique.

À la source de la nature

Tout ce flot verbal peut procurer un certain plaisir: il permet d'émettre de brillantes idées, de jouer au gourou, d'obtenir des bourses prestigieuses et que sais-je… Mais, pour une personne à l'âme authentiquement musicienne, cette agitation révèle rapidement tout ce qu'elle contient de factice. Devant cet univers encombré, vient inévitablement un moment où elle ressent un haut-lecœur, un besoin irrépressible d'ouvrir les fenêtres et de respirer de l'air pur. Mais comment échapper à cette situation sans refaire ce qui a déjà été fait?... Cette personne ressent une soif intense que tous les cocktails colorés qu'on lui sert n'arrivent pas à étancher[10]. Mais, dans ce désert, où donc trouver une source d'eau vive qui désaltère vraiment?... La sécheresse menace; le désespoir se profile; l'angoisse étreint... Pourtant, au moment même où tout semble perdu, se fait entendre une voix; une voix majestueuse et belle, d'une variété, d'une richesse inépuisable; une voix qui redonne confiance et paix; une voix: la grande voix de la nature[11].

La nature est un trésor toujours renouvelé de sons, de rythmes; elle aide aussi à ramener vers l'essentiel.

Chants d'oiseaux

Tout d'abord, la nature est un inépuisable trésor de sons, de bruissements, de rumeurs sublimes, au premier rang desquels se trouvent les chants des oiseaux. Toute personne qui a eu la chance d'admirer la nature et qui a fait l'expérience de vraiment communiquer avec elle se rappelle sans aucun doute des moments d'intense beauté sonore liés aux chants des oiseaux. Je ne peux pas, pour ma part, ne pas évoquer ici quelques souvenirs de ce genre. Ce petit matin où, dans la forêt ruisselante des rayons du soleil levant, je vis et entendis chanter le tangara écarlate, un oiseau rouge aux ailes noires, dont les reflets métalliques semblaient irradier dans tout le lieu... Ces concerts crépusculaires: ceux des grives, tout en soieries, en volutes de lumière; ceux des huarts, dont les appels fantastiques se répercutent de lac en lac, projetant notre esprit dans des mondes lointains et pourtant si proches, si vrais... Dans le décor abrupte de Cap Tourmente, en bordure du fleuve Saint-Laurent, non loin de Québec, lorsque mon épouse Louise et moi avons vu, dans un spectaculaire ciel d'automne, un vol d'oies blanches traverser en criant les couleurs irréelles d'un arc-en-ciel... Sur ce sentier où Louise et moi parcourions le champ en fleurs au pied d'un mont encore inviolé de l'Estrie, escortés par une horde de goglus dont les chants d'une fantaisie incroyable n'ont aucun égal pour mettre de bonne humeur. Des moments de grâce, de pureté simple, de beauté gratuite; des instants intenses, marquants, dont j'ai toujours tenté de traduire les échos dans ma musique…

Il y a les oiseaux, mais il y a aussi tous les bruits que peut faire la pluie: orage, bruine, pluie poussée par le vent; et toutes leurs variantes selon les lieux où elle tombe… Il y a aussi tous les bruits du vent… Les ruisseaux et les cascades; les cris d'insectes (grillons…), de batraciens (rainettes…), etc. Pour ma part, en ce domaine, il ne s'agit pas d'imiter la nature, mais de s'en inspirer; de s'inspirer surtout du «climat de la nature» et de l'amour qu'on peut ressentir pour elle. Par exemple: les chants d'oiseaux que j'utilise sont très stylisés. À cause de leur origine toutefois, ces motifs mélodiques et rythmiques possèdent une personnalité bien caractérisée; néanmoins, je n'exige pas de mes auditeurs une vaste culture ornithologique préalable! Je tiens à cette stylisation: à ce jour, je n'ai pas encore éprouvé le besoin d'une approche «réaliste» des sons de la nature.

Toujours au sujet de l'apport de la nature pour le son musical, il peut y avoir bien plus que les seuls chants et bruits particuliers. Je pense ici, par exemple, à la résonance des sons dans les espaces naturels. Selon certains auteurs, cette résonance aurait inconsciemment influencé la musique européenne depuis déjà fort longtemps: «Une forêt à feuilles persistantes, qui a atteint sa taille adulte, forme de sombres passages voûtés qui renvoient les sons avec une clarté inhabituelle. Phénomène qui, selon Oswald Spengler, aurait poussé les peuples d'Europe septentrionale à multiplier, en construisant leurs cathédrales, la réverbération»[12]. Et effectivement, dans de nombreuses églises médiévales, se trouvent incorporés aux voûtes des tubes résonateurs accordés selon les notes de la gamme afin d'accroître encore davantage la vibration du lieu et donc la réverbération…

Tout comme ces artisans du Moyen Âge, je cherche moi aussi dans ma musique à multiplier, à mettre en valeur la résonance naturelle. Par exemple: en ornementant richement les lignes mélodiques, ce qui prolonge les sons. En utilisant de façon optimale les capacités de résonance des instruments: cordes à vide des instruments à cordes, pédale «forte» du piano, etc. En employant des percussions à résonance prolongée: les cymbales, les tam-tams et les gongs, les cloches. En concevant certaines de mes œuvres pour des lieux déjà hautement résonnants: dans ma Messe pour orgue *(Une Messe pour le Vent qui souffle, opus 18,* 1991-93*)*, les phénomènes acoustiques d'une église font naturellement partie intégrante de la musique elle-même. En ajoutant quelquefois de petits dispositifs électroacoustiques aux instruments pour créer autour des sons de ceux-ci une enveloppe, un halo. Le son se prolonge alors d'une traînée semblable à celle des étoiles filantes. Une mélodie ainsi traitée s'accompagne elle-même: la résonance et le renforcement de celle-ci rendent explicite l'harmonie que la mélodie porte déjà en elle. Par conséquent, dans la composition, en ce qui me concerne, la dimension harmonique peut demeurer sobre: simple soutien des résonances. Mélodie et harmonie se révèlent alors comme deux visages d'un seul et même phénomène. C'est pourquoi ma musique présente souvent une tendance à la monodie, à la mélodie pure.

Dans la nature aussi, les sons ne sont jamais seuls. Il est impossible d'y enregistrer le chant d'un oiseau sans aussi capter quelque autre rumeur. Pas de studios insonorisés dans la nature!... Je crois que les passages polyphoniques les mieux réussis de mes œuvres sont justement ceux reflétant ces contrepoints de la nature. Les mélodies s'y superposent très librement, sans agressivité, hors des accords habituels. Les éléments musicaux de premier plan deviennent peu à peu une rumeur accompagnant les éléments qui tissaient l'arrière-plan l'instant précédent. Le sujet principal devient décor alors que du décor émergent de nouveaux sujets... L'observateur de la nature ne fait pas autrement lorsque balayant le paysage de son regard, il le fixe soudainement sur un point d'intérêt précis, ou lorsqu'écoutant la symphonie environnante, il dirige son attention vers tel bruit, tel chant... De tels passages se trouvent notamment dans *Paysage* (pour quatre pianos, opus 10), dans l'*Offertoire* d'*Une Messe pour le Vent qui souffle*, dans la pièce centrale de *Trois Fleurs des chants* (pour clarinette, violoncelle et piano, opus 21).

Nos salles de concert isolent la musique de la nature. Si c'est quelquefois bien nécessaire (en hiver!), cela témoigne néanmoins aussi du conflit psychologique que notre civilisation pose, encore aujourd'hui, entre «nature» et «culture». Pourtant, lorsque la chose est faisable, beaucoup de personnes apprécient davantage la formule du concert en plein air ou dans des amphithéâtres semi-fermés (comme celui du Festival de Lanaudière): signe des temps? À défaut de la riche réverbération d'une église, les bruissements de la vie et de la nature peuvent unir leurs voix à celle de la musique.

Un événement extraordinaire et tout à fait imprévisible de ce genre s'est produit lors de la création de *Bourrasque*, ma pièce pour flûte seule inspirée des humeurs du vent (opus 16, 1991). C'était dans une salle modeste pourvue de grandes fenêtres donnant sur une vaste cour; c'était l'automne, le vent rageait à l'extérieur. Dans la salle, nous entendions le puissant souffle du vent, toutes les nuances de son sifflement, qui accompagnait une musique inspirée de lui. Le dialogue du vent et de la flûte (jouée par Paola Secco) était absolument parfait, quelquefois même très impressionnant: des instants magiques!... Dans le même esprit, il existe un disque superbe: le *Livre Vermeil* (chants de pèlerinage catalans du XIVe siècle) interprété par l'Atrium Musicae de Madrid sous la direction de Grégorio Paniagua. Enregistré au monastère de Santo Domingo de Silos, en Espagne, on y entend, de façon discrète mais bien réelle, le chant des oiseaux peuplant cet endroit. L'éditeur a cru bon devoir s'en excuser: «Les techniciens n'ont pu l'éviter. Nous espérons que cela ne gênera pas l'audition commode de la musique». C'était bien inutile: l'effet est purement enchanteur[13]! L'élément visuel (couleurs, formes, éclairages), pour lequel la nature est tout autant généreuse, peut à son tour ajouter une autre dimension au son. Harmonie de la lumière et harmonie des sons se marient, se multiplient l'une l'autre. Lors de l'exécution d'*Une messe pour le Vent qui souffle* dans la magnifique église du Gesù de Montréal en octobre 1995, les jeux du soleil et des nuages au travers des vitraux ont littéralement ajouté à la musique une chorégraphie d'une beauté inoubliable.

Sculpture du temps

La nature est aussi un inépuisable trésor de rythmes. On y trouve, bien sûr, des pulsations de base, qui témoignent de l'unité du monde créé; mais cela toujours en souplesse, sans aucune raideur, en variation perpétuelle d'une unité fondamentale. Pensons par exemple à notre propre cœur. Ce muscle fonctionne selon une pulsation de base, mais celle-ci est constamment modulée au cours de chaque jour de notre vie, selon les circonstances. Notre cœur ne bat pas au même rythme lorsque nous dormons et lorsque nous courons. Nous savons que les émotions que nous ressentons l'affectent aussi. Pensons maintenant au grand cycle annuel: la ronde des saisons. Malgré une durée mathématiquement identique, chaque jour de l'année est rythmiquement différent des autres jours. Du solstice d'hiver (fin-décembre) au solstice d'été (fin-juin), chaque jour présente une portion ensoleillée légèrement plus longue que le jour qui le précède et légèrement plus courte que le jour qui le suit; et inversement du solstice d'été au solstice d'hiver; tout cela sans aucune rupture, dans la plus grande fluidité. D'année en année, à cause du vent, de l'eau, de la terre, des astres, une même date présentera des «visages» renouvelés à l'infini.

On retrouve cette même souplesse dans la rythmique des musiques traditionnelles authentiques, c'est-à-dire des musiques des peuples qui vivaient, ou qui vivent encore en contact étroit avec la nature. Le rythme musical se fait ainsi l'écho du rythme naturel… Dans les années 1950, deux musicologues français, Marguerite et Raoul d'Harcourt, analysaient un important corpus de mille chansons traditionnelles canadiennes-françaises. Ils constatèrent alors la grande variété et la grande souplesse du rythme de ce répertoire: «Nous pouvons dégager deux pôles de rythmes dans les chansons que nous avons recueillies: les rythmes francs, bien accentués, selon les différents mouvements mesurés en usage, et les rythmes libres (hors de toute pulsation stable). Entre ces deux types se placent ceux, et ils sont nombreux, qui réunissent (selon divers degrés) les deux tendances: assez libres pour nécessiter des changements fréquents de mesure et qui cependant acceptent celle-ci comme jalon. Cette indépendance par rapport à la mesure se manifeste surtout dans les mouvements lents de style lyrique, mais elle existe aussi dans de nombreux mouvements modérés; naturellement, on ne la rencontre jamais au même titre dans les mouvements vifs de danse et dans ceux des chansons de style syllabique»[14]. *Grosso modo*, la moitié des mille chansons analysées par les d'Harcourt était en rythme parfaitement libre et en rythme «assez libre», tandis que l'autre moitié était en rythmes mesurés divers, plus réguliers et stricts. Pour nombre de pays et de cultures, on pourrait multiplier les exemples et effectivement dégager cette même tendance de fond.

Par contre, dans les sociétés urbaines, éloignées qu'elles sont de la nature, la tendance est tout autre. Il n'y a qu'à allumer la radio pour s'en rendre compte! C'est que, contrairement aux sociétés rurales traditionnelles qui vivent en contact étroit et constant avec la nature et ses rythmes, la société urbaine cherche, elle, à isoler ses membres des variations de la nature pour les faire vivre dans des conditions qui tendent, autant que possible, à être fixes. Il y a là une volonté délibérée d'uniformiser le temps au maximum: c'est bien la culture urbaine qui a inventé le temps égal et abstrait des horloges... Ainsi, plus la réalité urbaine d'une société est établie et forte, plus la rythmique de la musique de cette société tendra spontanément à être basée uniquement sur une pulsation régulière, lourdement scandée, que l'on nomme, en langage populaire, le «beat». Avec la montée du monde urbain, cette pulsation est devenue si inflexible et si raide que l'on finit par inventer des batteries électroniques programmables à l'avance, pour remplacer les pauvres musiciens jugés trop imprécis! Ici encore, le rythme musical se fait l'écho du rythme de vie d'une société.

Pour «moderne» qu'elle soit, cette dernière conception est néanmoins extrêmement limitée et ne peut, à elle seule, satisfaire quelqu'un qui a rencontré la nature... Pour cette raison, ma musique utilise des rythmes stricts oui, mais ceux-ci y cohabitent avec des rythmes totalement libres; les uns peuvent s'y transformer en les autres, les deux peuvent s'y superposer, dialoguer ensemble ou se succéder... Le contact avec la nature nous apprend que l'art musical est, en premier lieu, sculpture du temps. Que les jeux de sons y colorent les scénarios de temps qui, eux, fondent la musique, tout comme les arbres colorent les saisons qui passent...

Présence

J'ai parlé de sons; j'ai parlé de rythmes. Mais au-delà de cela, il y a autre chose encore: l'essentiel. Aller dans la nature, c'est renouer avec l'essentiel. Pas de radio, ni de «walk-man»; pas de téléphone, pas d'agenda surchargé; pas de trafic! Se dégager de ce qui pèse: s'alléger. Se retrouver face à soi, ne serait-ce qu'un moment, et à partir de ce calme, refaire les liens avec les autres et le monde. Avec Dieu aussi. Interviewé, alors qu'il était atteint d'un cancer en phase terminale, le journaliste de télévision James Bamberg (1932-1992) disait à quel point la proximité de la mort permet à un individu de recentrer ses valeurs, de s'ouvrir les yeux sur ce qui est vraiment important[15]. La fréquentation de la nature comme l'approche de la mort provoquent la même décantation: serait-ce là deux facettes de la même réalité?

Mais tout cela ne risque-t-il pas d'entraîner un détachement, une désolidarisation face au monde des Hommes? Non! Au contraire! Constamment sollicités par les soi-disant «besoins» liés au «paraître» et par le culte de la consommation qui nous entourent, nous avons bâti un monde qui sombre souvent dans l'absurdité, dans l'inhumanité. Retrouver la nature, c'est retrouver un peu de ce qui est essentiel; et de cette expérience naît un regard neuf, comme purifié, sur le monde. Curieusement, nous acquérons la ferme conviction que nos sociétés deviendront plus humaines lorsqu'elles cesseront de tout centrer sur l'être humain (ou du moins sur ce qu'elles pensent connaître de lui); c'est-à-dire lorsqu'elles accepteront de bon gré que la Terre est la demeure de tous les Êtres qui y vivent et qu'elles écouteront ce que le vent, les boisés, les rivières, les animaux ont à lui apprendre. Je ne vois guère pour l'avenir d'autre humanisme que celui-ci, car la mission de l'Homme ici-bas n'est-elle pas d'être le berger de la création?

De même pour notre regard sur la musique. La grande voix de la nature nous fait réaliser que la musique est d'abord présence. Pas «avant-garde», pas «post-modernisme», ni non plus «néo-romantisme» ou que sais-je? Présence! Présence de la pensée. Présence de l'âme. L'essentiel. Étant donné la nature englobante du son qui lui donne corps, par la dimension du temps qui la compose tout comme nous, la musique est justement l'art qui peut le mieux, le plus paisiblement, le plus simplement réaliser cette présence. La présence est épanouissement, pas éclatement: en accordant à la musique le pouvoir d'éclore comme une fleur, nous pourrons alors, nous, retrouver cette faculté d'émerveillement essentielle. Et, dans le fond, la musique c'est aussi ça: que l'on soit compositeur, interprète ou auditeur, c'est arriver à s'émerveiller comme on le fait devant une fleur qui s'ouvre... Ce n'est que ça. Ce n'est que ça: mais regardez bien autour de vous et voyez à quel point c'est important! Aujourd'hui plus que jamais, peut-être...

«L'envol soudain d'oies sauvages sur un lac du Nord canadien — claquement d'ailes étincelant sur l'eau — laisse, dans l'esprit de ceux qui l'ont entendu, une empreinte aussi profonde que n'importe quel mouvement de Beethoven». J'aime beaucoup cette phrase forte extraite du livre *Le paysage sonore* du compositeur canadien Raymond Murray Schafer[16]. Au-delà de ce qui en elle peut sembler purement provocateur ou iconoclaste, elle exprime une vérité toute simple que, dans l'agitation de nos vies et de nos pensées, nous oublions trop souvent, trop facilement. Au fond, c'est cette vérité simple qui m'intéresse le plus.

Le choix d'une culture

Je rassure les inquiets! Bien sûr: je ne flotte pas au-dessus du monde! Ma musique plonge aussi ses racines dans la culture, une culture dont j'ai hérité, une culture aussi que j'ai choisie. Mes études autodidactes en composition ne signifient certainement pas que je n'ai pas étudié! Mais ce fut par moi-même, en consultant longuement des partitions de maîtres, en les analysant, en lisant, en allant aux concerts, en observant, en apprenant à jouer des instruments; cela sans oublier l'apport considérable de mes études universitaires en histoire de la musique. De toute façon, si rare qu'il soit, mon cas n'est pas isolé: de grands compositeurs avec lesquels je n'oserais pas me comparer: Joseph Haydn, les Cinq Russes, Arnold Schœnberg, Igor Stravinsky, etc., ont procédé ainsi.

Mes œuvres s'inscrivent dans la longue tradition classique occidentale. En premier lieu, la fréquentation du chant grégorien m'a beaucoup révélé sur mes propres forces: art de la monodie, nature et variété du rythme, importance de la résonance, modalité et consonance... Cette affinité musicale a été d'autant plus vivement ressentie qu'elle se double d'une sympathie spirituelle tout aussi intense malgré l'écart entre les époques. Comme les penseurs du Moyen Âge chrétien, je vois dans la musique l'expression la plus accessible, la plus fondamentale du principe d'unité par lequel le Créateur a organisé le cosmos. Comme eux, je conçois que la combinaison harmonieuse de sons peut faire prendre conscience à l'Homme de sa propre unité et de son rapport équilibré avec la nature (cela hors de toute référence au panthéisme). Avec l'héritage d'une perspective aussi large, je ne vois pas pourquoi, en tant que compositeur, j'aurais dû à mon tour avoir honte de «ne faire que de la musique»! Depuis que je l'ai connu, depuis que je l'ai reconnu comme mon grand maître en matière musicale (auprès de la nature), j'ai toujours tenté de rendre hommage au chant grégorien, selon mes moyens. Suite à l'enseignement de spécialistes[17], je continue de parcourir ce répertoire millénaire avec un émerveillement constamment renouvelé.

Il y eut aussi les cours d'analyse de musique contemporaine que j'ai suivis avec Serge Garant[18] et dans lesquels nous nous penchions sur des partitions de Webern, Boulez, Stockhausen, guidés en cela par la compétence et l'enthousiasme de notre professeur. Ces cours m'ont donné nombre d'outils et constituent encore pour moi aujourd'hui une précieuse source de référence. Bien sûr, ma musique ne sonne pas du tout comme celle de l'école sérielle que représentait S. Garant. Mais, tout en ne partageant aucunement l'idéologie de ce courant, je dois reconnaître que ma musique n'aurait pas été ce qu'elle est sans l'apport de son enseignement.

À cela s'ajoutent des éléments glanés çà et là au cours de mes explorations musicales et provenant de certaines musiques non occidentales, de musiques traditionnelles voire même populaires; après tout, j'ai eu un arrière-grand-père qui était un extraordinaire violoneux et une grand-tante qui, chansonnière ou plutôt «diseuse» selon l'expression du temps, a connu une belle carrière internationale... De ces éléments, je ne cherche pas à faire collage ni ne prétends en réaliser une sorte de grande synthèse. Mon art est tout simplement une fusion personnelle; fusion parce que les éléments constitutifs acquis, tout en étant bien présents en esprit, ne s'y identifient plus comme tels. C'est un peu comme l'hydrogène et l'oxygène qui se fusionnent pour donner l'eau en perdant leur propriétés propres au profit de celles, fort différentes, du nouveau composé: l'eau. Cette «fusion pour moi» devient «offrande pour les autres» car, acte d'amour, l'Art appelle au partage.

Ces divers héritages culturels sont donc bien là, mais relus au contact de la nature. D'ailleurs, depuis déjà longtemps, l'amour de la nature et la passion de la musique m'habitent tous deux. Après avoir approfondi ma connaissance de la nature par des études scientifiques qui ont culminé avec un baccalauréat en sciences biologiques, spécialisé en écologie (terminé en 1982), c'est tout normalement que je me suis ensuite tourné vers la musique pour, alors, en approfondir la connaissance. Cela m'a mené à une maîtrise en musicologie.

C'est toutefois dans la vingtaine, au cours des années 1980, que j'ai vraiment pris conscience de toutes ces choses et de la profonde résonance qu'elles trouvaient en moi: ce furent des années de «maturation», de passage... Comme fruit, il y eut la rédaction d'un essai sur le rythme musical qui développe abondamment les idées dont j'ai donné précédemment un bref aperçu. Cet essai, souvent retouché depuis, a trouvé sa forme finale en 1994 sous le titre *Sculptures du temps*... Il y eut aussi la composition d'une œuvre marquante dans ma production, une œuvre d'une demi-heure qui m'a demandé près de trois ans de réflexion, de rêveries et de composition, mais qui représentait alors un épanouissement considérable de mon style. Il s'agit de *Paysage* pour quatre pianos disposés en cercle, que j'ai finalement achevé en août 1987... Concerts d'appels de vie se répercutant aux quatre points cardinaux; concerts de bruissements se gonflant jusqu'à la clameur; concerts de sources jaillissantes et de cascades tumultueuses; concerts de villes agitées, de volées d'oiseaux migrateurs, de glace qui se brise au printemps; concert, finalement, de paix sur Terre, car *Paysage* se termine par une longue plage de totale sérénité: défi lancé à toutes les angoisses millénaristes! Tout cela traduit par une seule «gamme», mais avec des jeux de rythmes libres et de rythmes mesurés inspirés directement par mon travail d'alors sur le rythme... D'autres œuvres sont nées ensuite; et toutes celles que je conserve d'avant *Paysage* ont été, ou seront prochainement, révisées, retouchées à la lumière de la maîtrise acquise alors, de façon à mieux mettre en valeur ce qu'elles portaient déjà en elles.

Ce furent donc des années de «passage»; passage d'un style en formation à un style beaucoup plus adulte, mais aussi passage du silence à la parole. Je suis une personne très discrète de nature, à tel point que jusque-là je composais littéralement en cachette! J'ai dû décourager mes professeurs de violoncelle (ce fut mon instrument principal) avec ma lenteur à apprendre les études de Popper ou les concertos de Goltermann, mais ce qu'ils ne savaient pas, parce que je gardais encore tout cela pour moi, c'est que, durant cette période d'apprentissage, j'avais composé trois sonates pour violoncelle seul, autant pour violoncelle et piano, et cela sans compter de nombreuses pièces pour d'autres instruments[19]! Mais, chaque chose vient en son temps: un arbre ne pousse pas plus vite lorsqu'on lui tire les branches!... Prendre le temps de prendre son temps; de bien le sculpter... Essentiel... Et le temps arriva finalement pour moi de devoir prendre la parole. En janvier 1990, *Paysage* fut la première de mes œuvres à être créée dans de bonnes conditions. Aussi, au début de cette année-là, mon travail sur le rythme me valut ma maîtrise. Je disais ce que j'avais à dire. Ce faisant, j'appris sur le vif que passer ainsi du silence à la parole — surtout si c'est pour dire «autre chose» — peut déranger et bousculer des routines. Il me fut confirmé qu'il y a un prix à payer pour la liberté intérieure. Pourtant, celle-ci est bien la seule chose qui compte vraiment[20].

Envol

La faillite spirituelle de la civilisation moderne, symbolisée par son obsession maladive de l'argent, pourrait bien se transformer en véritable catastrophe pour toute l'humanité. Déjà, localement, ici et là, il y a rupture entre la pression de l'activité humaine et ce que peut supporter le milieu naturel; un phénomène de dégradation s'instaure alors et accule des populations au chômage chronique, à l'exode, voire à la famine, et à des tensions internes pouvant même dégénérer en guerres civiles. Pourtant, globalement, rien n'est encore irréversible (du moins, espérons-le!). Mais il est clair que le bonheur futur de l'humanité passe obligatoirement par le respect de la culture pour la nature; plus encore: par l'union de l'une et de l'autre. Y parviendrons-nous? Le voudrons-nous seulement? Car la lancée va plutôt à la destruction: rares sont manquées les occasions d'humilier la nature, de la saccager encore un peu plus. Nous appelons ça: le «développement»[21]. Un changement s'esquisse toutefois: trop peu, trop tard? Pour ma part, c'est en ce sens que je conçois mon travail dans le contexte actuel: une contribution très humble, mais ferme, à réunir nature et culture, à restaurer la beauté, à apaiser la vaine agitation. Et ma petite voix se joint à d'autres.

Mais que diable! Je parle, j'écris... Serais-je donc moi aussi contaminé par le virus de la «foire au bavardage»? Holà!!! Soyons concis pour terminer: je ne suis qu'un musicien et, à ce titre, je professe qu'au-delà des techniques musicales et des «démarches» artistiques, seul reste, au bout du compte, accompli ou non, le résultat sonore: la musique elle-même. J'espère donc faire de mon mieux, là comme ailleurs.

Mai 1996

NOTES

(1) Pour comprendre la sociologie de la musique de l'époque et pour avoir une idée des conditions dans lesquelles les musiciens devaient le plus souvent œuvrer, la lecture du contrat signé par Haydn à Esterhazy est essentielle. On en trouvera copie dans les ouvrages consacrés à ce compositeur comme, entre autres, celui-ci: GEIRINGER, Karl, *Joseph Haydn*, Paris, Gallimard, 1984, 410 pages (original paru en allemand, en 1959).

(2) Cité par: EINSTEIN, Alfred, *La musique romantique*, Paris, Gallimard, collection Tel, 1984, 446 pages (original paru en anglais en 1959); page 42.

(3) Cité dans le *Larousse de la musique*, Paris, Librairie Larousse, 1982, deux volumes, 1804 pages; article «Scriabine», page 1428.

(4) L'utopie de l'Art-Rédempteur est toute aussi présente dans la littérature. Un bel exemple en est *Le festin de Babette*, une nouvelle de Karen Blixen (1885-1962) dont on a tourné un superbe film. La communauté d'un petit village luthérien isolé s'aigrit à la suite du décès du bien-aimé pasteur des lieux. Par un don gratuit, c'est l'Art (ici l'art culinaire dans ce qu'il a de plus raffiné) qui rétablira l'harmonie perdue... Ce rêve se retrouve sous tant de formes au cours de l'histoire des arts qu'il doit bien exprimer quelque chose de très profond quant à la nature de ceux-ci.

(5) Une enfance et une adolescence marquées par le spectre du nazisme. Écoutons-le dans un texte déchirant écrit en 1971: «Est-ce qu'il a donc été vain que l'on soit venu emmener ma mère, alors que je parlais à peine, pour l'assassiner par décret d'État, uniquement parce qu'elle représentait une bouche inutile en temps de guerre (Note: elle souffrait de graves troubles nerveux)? Vain que mon père soit mort au bout de six ans

d'armée, et de la mort que l'on dit être celle des héros? Vain d'avoir été battu, enfant, par tous les étrangers imaginables, d'avoir, à seize ans, vécu jour après jour, dans un hôpital du front, les plus inhumaines cruautés, la mort pathétique de milliers de blessés graves, de brûlés par le phosphore, de corps atrocement mutilés? (...) Vain d'avoir croupi, des années durant, dans les abris souterrains, d'avoir respiré la puanteur de trente, quarante, cinquante mille cadavres dans des villes rasées? (...) Vain d'avoir, depuis la fin de cette grande guerre, vécu le rétablissement écœurant et vorace du «miracle économique», la peur de la bombe atomique (...), et d'avoir vécu tout cela en n'ayant que son impuissance à y opposer?» (Cité par: MASSIN, Jean et Brigitte (et collaborateurs), *Histoire de la musique occidentale*, Paris, Fayard, Les indispensables de la musique, 1985, 1312 pages; pages 1194 et 1195).

(6) Cela d'autant plus que les plus ambitieuses visées de l'Art-Rédempteur avaient visiblement échoué. Bayreuth devint un haut lieu du culte nazi; Scriabine n'acheva jamais son *Mystère*, étant décédé des suites... d'une piqûre de mouche: «Tu es poussière et tu retourneras poussière»...

(7) Je précise qu'il s'agit bien de deux symphonies de Beethoven ainsi sous-titrées: la Troisième et la Sixième.

(8) Serge Garant, note pour sa pièce orchestrale *Ouranos* de 1963; cité par LEFEBVRE, Marie-Thérèse, *Serge Garant et la révolution musicale au Québec*, Montréal, Louise Courteau éditrice, 1986, 240 pages; page 186.

(9) Merci à saint Augustin pour cette expression que j'ai empruntée à ses magistrales *Confessions*! Je précise à nouveau que je fustige ici le dérapage entre le discours et la musique elle-même, dérapage par lequel la musique devient prétexte, otage, d'une littérature pléthorique, compliquée, prétentieuse. Je ne vise aucunement cette part de réflexion qui, ajoutée à autres choses, est essentielle à tout art.

(10) Merci cette fois à Jean Sibelius, compositeur finlandais (1865-1957) et grand familier de la nature, dont je paraphrase ici les propos: «Tandis que d'autres compositeurs vous apportent toutes sortes de cocktails, je vous sers quant à moi une eau froide et pure!» (Cité par: VIGNAL, Marc, *Jean Sibelius*, Paris, Seghers, Musique de tous les temps, 1965, 188 pages; page 140).

(11) Référence ici à Olivier Messiaen, compositeur français (1908-1992), autre très grand observateur de la nature qui écrivait: «En face de tant d'écoles opposées, de styles démodés, de langages contradictoires, il n'y a pas de musique humaine qui puisse rendre la confiance au désespéré. C'est ici qu'intervient la grande voix de la Nature». Cité par: PÉRIER, Alain, *Messiaen*, Paris, Seuil, collection Solfèges, 1979, 192 pages; page 132. Une des grandes contributions d'O. Messiaen fut certainement son effort pour réunir, dans sa musique, nature et culture.

(12) Tiré de: MURRAY SCHAFER, Raymond, *Le paysage sonore*, Paris, Jean-Claude Lattès, Musique et Musiciens, 1979, 390 pages; page 42. Une nouvelle édition de ce livre exceptionnel a été tirée récemment: à ne pas manquer!

(13) Disque Erato STU 70695 (vinyle 33-tours). L'éditeur n'a pas, à ma connaissance, réédité cet enregistrement magnifique sur disque compact. Serait-ce à cause de ce «défaut»?

(14) D'HARCOURT, Marguerite et Raoul, *Chansons folkloriques françaises au Canada: leur langue musicale*, Paris, Presses Universitaires Laval / Presses universitaires de France, 1956, 450 pages; page 48.

(15) Reportage diffusé à l'émission *Second Regard* de la chaîne française de la télévision de Radio-Canada, cela à deux reprises dont le dimanche 21 février 1993, à 13 heures.

(16) Voir Note (12), page 95.

(17) J'ai étudié le chant grégorien avec Clément Morin et Jean-Pierre Pinson, avant d'être, durant deux ans, assistant de Dom André Saint-Cyr (bénédictin de l'abbaye Saint-Benoit-du Lac) au Chœur Grégorien de l'église Saint-Jean-Baptiste de Montréal. J'ai ensuite été nommé directeur du Chœur Grégorien du S.A.C. (Service des activités culturelles, à l'Université de Montréal) qui venait tout juste d'être fondé. À l'automne 1993, j'ai fondé mon propre groupe, l'Ensemble Grégoria, que je dirige depuis.

(18) Serge Garant (1929-1986). Encore aujourd'hui, la lecture des textes et articles de S. Garant, dans lesquels il donne libre cours à un militantisme passionné, reste absolument électrisante. Il faut même veiller pour ne pas être hypnotisé. Car il s'agit là de textes très enracinés dans les transformations brutales qu'a connues le Québec dans les années 1950, 1960 et 1970... Les choses ont changé depuis et, tenir aujourd'hui le même type de discours (ce que font tout de même quelques nostalgiques de cette période «révolutionnaire») serait carrément anachronique. Mais au-delà de cela, il y a dans ces propos une inébranlable conscience de la dignité de la musique et des musiciens; vu cet aspect, ils sont toujours très tonifiants. S. Garant est aussi, et surtout!, l'auteur de quelques œuvres fortes de cette période. Je ne peux pas ne pas mentionner ici le très beau coffret de quatre disques compacts qui a été consacré à sa musique, violente, revêche et stimulante («La musique de Serge Garant» Doberman-Yppan/Société Radio-Canada, DO 133, 1992).

(19) Plusieurs de ces pièces de débutant sont très naïves! J'en conserve quelques unes dans mes tiroirs pour des raisons purement sentimentales, mais je ne les ai pas incluses dans ma liste d'œuvres «officielles»...

(20) J'ai vu et vécu de véritables histoires d'horreurs: il semble que cela fasse partie du jeu (même si le jeu en question devient alors

des plus rude)! Comme je ne suis pas seul dans ce cas, j'en profite pour encourager toutes les personnes qui se reconnaissent un peu ici (œuvrent-elles en musique ou dans tout autre domaine) à ne pas abdiquer devant la bêtise, la suffisance et l'esprit négateur. Courage!

(21) Un exemple «made in Québec», savoureux d'absurdité et noté récemment. On projette au Québec d'établir des barrages sur à peu près toutes les rivières, que ce soit justifié ou non (ce qui est le plus souvent le cas, pour ne pas dire plus…). Récemment, au Lac Robertson, sur la Basse-Côte-Nord, Hydro-Québec a entrepris la construction d'une centrale de 340 millions de dollars pour fournir de l'électricité à environ 2000 maisons: ce qui revient à 170,000$ du compteur!!! Cela en pleine période de «coupures budgétaires» et de surendettement. Bravo! Mais notre société n'a même pas le courage d'assumer les risques de son propre «développement». C'est à des populations autochtones, pauvres et démunies, qui désirent profondément vivre en communion avec la nature, qu'elle impose, de gré ou de force, tous les inconvénients et effets négatifs de sa boulimie énergétique. C'est ça, le «développement» façon moderniste. Insensé, mais glorifiant de pouvoir contre la nature. Et au nom de quelle beauté?

PHOTO: STUDIO JN-GUY GAUTHIER

5

Jean Chatillon

En place pour un folklore?

J e a n
Chatillon

Diplômé de l'Université de Montréal
avec une licence d'enseignement secondaire,
option musique,
Jean Chatillon a enseigné
à la Régionale de Drummondville.
Fondateur et directeur de la Section de Musique
à l'Université du Québec à Trois-Rivières,
il est aussi rédacteur
de nombreux ouvrages théoriques
sur la musique et l'enseignement de l'harmonie.
Depuis 1981,
Jean Chatillon se consacre uniquement
à la composition musicale.

«L'art populaire est en vérité
la plus ancienne des aristocraties de la pensée.
Parce qu'il rassemble les pensées les plus simples
et l'expérience des générations,
il est le sol où s'enracine tout grand art...»

William Butler Yeats (1865-1939)

Un vieil ami

On m'a demandé de traiter ici du folklore et de ses problèmes. C'est avec grand plaisir que j'accepte, pour la simple raison que ce genre de musique m'a nourri généreusement pendant toute ma carrière de compositeur.

À mes débuts, vers 1952, je possédais — comme un peu chacun à cette époque — des albums de la Bonne Chanson. La radio nous présentait (beaucoup plus qu'aujourd'hui, hélas!) de beaux arrangements de compositeurs comme Oscar O'Brien, Lionel Daunais et plusieurs autres. En plus, nous recevions assez souvent en prix des livres sur des légendes québécoises: ceux-ci me donnèrent accès au folklore littéraire et m'inspirèrent de nombreuses compositions.

Puis, un jour, j'eus la chance d'assister à un récital de Jacques Labrecque qui chantait avec les vrais mots... ce qui sema un joyeux trouble dans les bénitiers du temps! Mais cela me montra soudain la verdeur et la vitalité de cette musique. Plus tard, j'eus aussi l'occasion de jouer du piano (pendant cinq ans) dans un petit orchestre de danse de la région. On touchait un peu à toutes les musiques populaires, y compris, naturellement, aux chansons à répondre et aux danses carrées. J'en ai accompagné très souvent, et je pus constater dans le concret l'efficacité de ce genre musical. C'est une chose de l'étudier dans des recueils, mais c'en est une autre de le voir interprété par du vrai monde. Dans la pratique, le Folklore est tout bonnement irrésistible. J'acquis un immense respect pour cet art.

Qu'est-ce que le Folklore?

Il faudrait s'entendre sur une certaine définition de ce mot, souvent mal compris. Premièrement, à toutes les époques, il y eut ce qu'on appelle des musiques «populaires», en partie pour chanter, en partie pour danser. Ensuite, le temps et l'usage firent un tri des meilleures productions de ces musiques. C'est précisément l'espèce d'anthologie qui résulte de ce tri que j'appelle Folklore. On voit immédiatement la valeur du Folklore, vu qu'on y trouve ce qui fut le plus réussi dans les musiques du passé, autant mélodiquement que rythmiquement, sans oublier la dimension poétique.

On aurait grand tort de croire que tout ceci a quelque chose de passéiste ou de limitatif. Bien au contraire! Pas plus qu'il n'est fini dans le temps, le Folklore n'est fini dans l'espace. Dans la dimension temps, le Folklore se montre plus vivant que jamais en continuant à s'incorporer des pièces de valeur. Ainsi, dans le folklore québécois, sont entrées des chansons de Mme Bolduc, de Félix Leclerc, de Gilles Vigneault, de Jean-Paul Filion et de combien d'autres. Sans compter qu'il existe encore de bons musiciens qui composent directement pour ce répertoire. Ici, au Québec, nous jouissons d'un folklore d'une extrême richesse, surtout si l'on y ajoute celui de la littérature. Et encore plus si l'on y inclut celui des Amérindiens. Par nos emprunts historiques, nous touchons aux musiques irlandaises et écossaises. Et, dans cette dimension de l'espace, rien ne nous empêche de faire le tour du monde. C'est pourquoi je parle ici du Folklore avec un F majuscule. Parce que je traite de tous les folklores d'un peu partout. Ce qui fait beaucoup de musique, et beaucoup de bonne musique.

Le répertoire folklorique

Je m'en tiendrai au seul folklore des francophones d'Amérique. Il est encore trop peu et trop mal connu, ce qui fait que plusieurs musiciens le sous-estiment. Mais si on visite les Archives à Québec ou à Ottawa, on y trouve des milliers de chants et de danses, sans compter d'innombrables variantes pour chaque région du Canada. Car ce répertoire existe au Québec, mais aussi dans les provinces de l'Est (Acadie, Nouveau-Brunswick, etc.) et dans les provinces de l'Ouest (Ontario, Alberta, Manitoba, etc.).

Je parlerai seulement des chants qui représentent une variété presque infinie de sujets et de sensibilités: des chansons pour solistes et des chansons à répondre; des chansons d'aventures, de métiers, pour boire, pour rire, pour bercer les enfants, pour parler d'amour, pour célébrer Noël, etc. Quant à la chanson à répondre, il faut avoir écouté les trois albums *Chants du pays* de l'excellent Jean Collard pour en mesurer tout l'intérêt. Ceux qui cherchent actuellement des arts «interactifs» auront là une belle surprise. Et ceux qui désirent un anti-dépresseur naturel sans effets secondaires seront comblés!

Récemment, j'écoutais un très beau récital donné par une chorale. Le programme faisait alterner des pièces classiques avec des pièces folkloriques parfaitement arrangées. À un moment donné, il y eut à la suite *Le rossignol messager* (une admirable pièce folklorique) et *Trois beaux oiseaux du paradis* (un chef-d'œuvre de Maurice Ravel). Sincèrement, j'aurais été incapable de choisir entre ces deux merveilles. Ceci pour dire que le répertoire folklorique contient plusieurs morceaux d'une intense poésie et d'une beauté lyrique qui peuvent soutenir la comparaison avec n'importe quelle autre musique.

Folklore et mélodisme

À mon avis, le folklore est le royaume de la mélodie, car elle s'y épanouit en pleine liberté et dans toute sa beauté naturelle. Ce fut pour moi la meilleure école pour perfectionner ce que j'ai pu recevoir de «don mélodique». À ce sujet, il existe un vieux mythe, à savoir qu'il s'agirait d'un don inné qui ne peut être cultivé. Je suis en total désaccord avec cette opinion. Il y a peut-être une certaine facilité de naissance, mais on peut l'augmenter de beaucoup par l'étude intensive et extensive des meilleures mélodies triées par le temps et l'usage. Le fait que les mélodistes les plus évidents de l'histoire musicale (Schubert et Gershwin, pour n'en citer que deux) ont toujours été des gens très proches de leurs musiques nationales populaires en est la preuve. Est-ce un effet du hasard? Ou plutôt seraient-ils allés à la bonne école? Celle du Folklore de leur époque?

En ce qui me concerne, je peux dire, humblement, que j'ai examiné de près des centaines de ces mélodies, et que j'en ai bénéficié grandement. Tout d'abord, à force de les fréquenter, il y a quelque chose qui finit par nous «passer par la main et le bras» et qui nous fait comprendre comment se construit une bonne mélodie. Puis, un bon jour, on finit par découvrir le secret d'une mélodie réussie... L'art du compositeur ressemble à celui du cordonnier: une mélodie doit s'ajuster à la voix humaine comme le soulier au pied... et non l'inverse! Chaque fois qu'une mélodie s'adapte à notre voix naturelle, elle devient agréable et confortable. Cela semble une lapalissade. Mais vérifiez et vous serez surpris.

L'accompagnement du Folklore

Les mélodies folkloriques ont souvent l'air simple, mais ne nous fions pas aux apparences! Elles cachent parfois de redoutables problèmes de rythme ou de modalité qui font la joie des théoriciens et le malheur des musiciens ordinaires. Étant encore étudiant et peinant sur l'un de ces cas, je vis un jour M. Letendre — mon professeur et un grand maître en ces matières — se pencher pour me dire: «Tu sais... ce genre de musique ne s'harmonise pas comme du Wagner!» Je commençai à comprendre que chaque mélodie est unique et qu'elle ne peut accepter n'importe quoi comme arrangement. Elle va y survivre, c'est certain. Mais le «bon goût», lui, en prendra un coup. Il y a donc un problème de style qui vient s'ajouter aux autres difficultés.

C'est pourquoi, à la longue, j'ai développé une sorte de méthode ou d'attitude quand je dois affronter ce devoir d'harmonisation. Avant tout, je procède à une analyse complète du rythme et des questions tonales ou modales. Cela étant «nettoyé», je me laisse «imbiber» par la mélodie... attendant de trouver quelque musique qui lui soit compatible. Il faut éviter comme la peste de chercher midi à quatorze heures ou d'essayer de prouver quelque chose à quelqu'un d'autre. La mélodie étant déjà «originale» de par sa nature même, il suffit de continuer dans la même veine et l'on finit par découvrir un accompagnement qui convienne sans être banal. Autrement dit, il faut tenter de se mettre au service de la mélodie en cause au lieu de la mettre à notre service.

Le vrai malaise en ce qui concerne le folklore

Dès que l'on plaide en faveur du folklore, on sent une sorte de réticence chez beaucoup de musiciens, sans que personne ne mette vraiment le doigt sur le bobo. Je vais donner ici ma version de ce problème qui me semble beaucoup plus profond qu'on ne le soupçonne généralement.

On a souvent parlé des «deux solitudes», les anglophones et les francophones du Canada. Mais, récemment, j'ai pris connaissance d'une excellente étude faite par des sociologues qui parlent de «deux nouvelles solitudes», cette fois au cœur même du Québec. Celles qui séparent la grande ville, Montréal, des diverses régions de la province: la vie urbaine de la vie rurale. Ceux qui étudient le Folklore remarquent rapidement qu'il y est question de champs et de forêts, de mer, de claires fontaines, d'animaux, de jolis rossignolets, de lune, de petit matin et de crépuscule, de cultivateurs et de villageois, et ainsi de suite.

À mon avis, le Folklore est un art qui se rattache essentiellement à la vie rurale et à la nature: voilà justement ce qui le cantonne dans les «cantons»! Il forme vraiment la musique des régions, par rapport à d'autres musiques qui vivent mieux dans les grandes villes. C'est pourquoi sans doute Drummondville reçoit un très gros Festival de Folklore, tandis que Montréal héberge un aussi énorme Festival de Jazz: le Jazz a une origine folklorique, afro-américaine, mais s'est beaucoup urbanisé avec le temps.

Cela pose un très difficile problème quant à la diffusion du Folklore, car la vaste majorité des médias se trouvent concentrés dans la grande ville. Les postes qui restent dans les régions ne sont que des succursales dociles des grands réseaux: ils diffusent à quatre-vingt-dix pour cent ce qui leur vient de Montréal. Comme tous ces médias demeurent fermés au Folklore (sauf au Jour de l'An et à la Saint-Jean), celui-ci ne reçoit vraiment pas la part qui lui revient. Et la culture québécoise authentique se voit trop souvent remplacée par de la sous-culture américaine. Il suffit d'écouter nos postes de radio en fin de semaine pour en devenir écœuré.

Il n'y a pas de solution facile à ce problème. Mais j'aimerais quand même suggérer quelques pistes:

— Un organisme comme Télé-Québec devrait jouer un rôle d'équilibration dans un tel contexte en s'ouvrant à la vie culturelle des régions. Actuellement, de timides tentatives sont faites. Mais il faudrait beaucoup plus. Le gouvernement actuel semble favorable à une telle politique. C'est à suivre.

— Il faudrait encourager les Montréalais à cesser de se prendre pour le nombril du monde et à visiter en profondeur le reste du Québec: cinquante pour cent d'entre eux n'ont jamais mis les pieds hors de la métropole, et ceux qui sortent courent aux USA!

— Il faudrait également exercer de fortes pressions sur les grands médias pour qu'eux aussi sortent de Montréal. Au lieu de pleurer sur les malheurs de la Bosnie (avec voyages payés!), nos journalistes pourraient peut-être verser une larme sur les difficultés de la Gaspésie? Comme peuple, cela nous rapporterait certainement beaucoup plus.

— Enfin, tout ce qui favorisera un retour vers la Nature aidera du même coup la cause du Folklore. Il existe aujourd'hui une profusion de bons livres sur les oiseaux, les fleurs sauvages, les arbres, etc. Encourageons ces passe-temps et montrons qu'il y a une musique qui s'y rattache.

Musiques classique, folklorique et populaire

Si on m'avait demandé — à trente ans — de définir ces diverses musiques, j'aurais délimité tout cela en deux temps trois mouvements. Mais, aujourd'hui, je me sens comme Jean Gabin dans son fameux monologue. La seule chose que je sais avec certitude, c'est que je ne sais plus rien de certain... Et que je m'en porte fort bien!

Pour approfondir chaque genre, j'ai eu recours à de nombreux critères. Mais on publie sans cesse des œuvres qui se font un malin plaisir de venir brouiller les cartes. En voici quelques exemples:

— La musique classique serait plus élaborée (comportant des développements et d'autres procédés).

Premièrement, ce n'est pas toujours vrai. Il existe un court Prélude de Chopin (en la majeur) qui fait entendre son thème deux fois, pour un total de 16 mesures. C'est pourtant une pièce considérée comme éminemment classique. Il y a quantité d'autres cas semblables.

Deuxièmement, que fait-on avec une pièce comme YS d'Alan Stivell, le réputé compositeur breton? D'esprit folklorique, elle s'étend sur près de dix minutes, avec plusieurs développements.

— La musique classique se distinguerait par un style plus noble ou plus discret avec les émotions.

Ici aussi, ce n'est pas toujours vrai. Pensons à certaines opérettes ou aux compositions d'Erik Satie. Ou encore à des morceaux violemment expressifs, comme le premier mouvement du Concerto No. 1 de Brahms!

La contrepartie existe aussi. Par exemple, je suis un grand amateur de l'art subtil et raffiné de Kim Robertson à la harpe celtique. Dans ses programmes, elle mélange des ballades irlandaises ou écossaises, des morceaux classiques, de ses improvisations et de ses compositions. Le tout s'intègre à merveille. Et, comme style noble et discret, on ne trouvera jamais mieux. Alors que fait-elle?

— *La musique classique serait une musique plus écrite qu'improvisée.*

On oublie parfois que cette situation est récente dans l'histoire. Il y a cent ans à peine les grands compositeurs étaient aussi de renommés improvisateurs. À mon avis, l'abandon de cette pratique constitua une lourde erreur pour la musique classique. Elle y perdit beaucoup en spontanéité comme en dimension ludique. Heureusement que les organistes ont conservé cette noble tradition.

— *Enfin, la musique classique se distinguerait par une écriture plus raffinée, plus savante, plus compliquée.*

Que penser alors d'excellents compositeurs actuels qui écrivent de la musique pour des films ou des téléséries? Certains ont reçu les meilleures formations et produisent des œuvres extrêmement bien faites et recherchées. Ne citons que Maurice Jarre en France, et Richard Grégoire au Québec. Que font-ils eux aussi?

J'écoutais récemment de l'authentique musique chinoise. Bien que loin de nos habitudes d'écoute, elle me parut d'un raffinement exquis et d'une grande beauté, ayant une écriture comparable à celle de Ravel. Où la classera-t-on?

J'en suis donc venu à considérer ces étiquettes et ces frontières impossibles comme des amusements pour esthètes ou comme des commodités pour ceux qui annoncent des œuvres dans les revues. Personnellement, je ne suis plus capable de tirer la ligne nulle part... Dans un arbre, où finissent les racines et où commencent les branches? L'important n'est-il pas que tout soit interrelié et bien vivant?

L'école du Folklore

Il reste un critère que l'on pourrait invoquer pour distinguer la musique classique: celui de la difficulté technique des morceaux et de la très grande virtuosité des interprètes. Malheureusement, celui-là non plus ne me paraît pas résister aux faits.

Dans la musique classique, il n'y a pas seulement des morceaux injouables et des supervirtuoses. Qui ne connaît les jolies petites pièces de Schumann, de Grieg et de bien d'autres, qui font le bonheur des débutants et des amateurs? Il n'est donc pas vrai que la musique classique soit réservée à des spécialistes. Fort heureusement!

Par contre, dans la musique folklorique, il n'y a pas seulement des morceaux faciles et des amateurs incultes. Je ne citerai que le cas de Jean Carignan qui fut un violoneux d'une extrême musicalité et d'une formidable virtuosité. Il connaissait par cœur des milliers de danses carrées et pouvait les jouer dans trois ou quatre styles différents (à l'irlandaise, à l'écossaise, à la québécoise et à l'américaine) en tenant compte des subtilités qui les différenciaient. En Irlande, il était considéré comme un dieu (contrairement à ici...). Et, lorsque Yehudi Menuhim visita le Québec, c'est lui qu'il voulut rencontrer sans faute, avec le plus grand respect. Ajoutons que certains morceaux, comme le *Reel de l'Oiseau moqueur* exigent de réelles capacités techniques à l'instrument.

Enfin, on aurait grand tort de croire que les violoneux et autres folkloristes «ne font pas d'études» parce qu'on ne les voit pas dans nos institutions. Ils apprennent longuement mais d'une autre manière qui ressemble à celle des Compagnons des temps anciens: ils font des stages privés chez des maîtres de leur musique. Et d'innombrables stages publics dans les salles.

Comment s'y retrouver

Dans de telles conditions, il me paraît bien avisé de parler de trois «répertoires»: classique, folklorique et populaire, les deux derniers étant proches parents. Par «répertoire», j'entends un ensemble d'œuvres que, par habitude ou similitude, nous avons tendance à regrouper dans une même catégorie. Je ne mettrais pas de frontières précises entre les divers répertoires, faute de critères fiables, ce qui permettra à toutes sortes de morceaux de se situer entre deux répertoires. Les trois répertoires, mis bout à bout, formeraient une sorte de continuum vivant qui couvrirait toute la Musique. Rien ne sera plus naturel que d'y voir des échanges continuels de bas en haut et de haut en bas. Comme la sève qui se promène dans un arbre. Dans cette optique globale, nous ne pourrions pas porter des jugements de valeur concernant un répertoire par rapport à un autre. Aucun n'est plus noble, plus important, plus valable qu'un autre. Ils sont tous essentiels à la bonne santé de l'Arbre Musical.

Personnellement, j'ai toujours été très réticent à porter de tels jugements (même à l'intérieur d'un seul répertoire), à faire des comparaisons esthétiques ou à coter les œuvres des compositeurs comme des valeurs boursières. En restant dans le répertoire classique, comment comparer les morceaux courts avec les morceaux longs? Une marche nuptiale avec une marche funèbre? Une mélodie genre Fauré avec un air d'opéra genre Verdi? L'œuvre pianistique de Mozart avec celle de Liszt? etc. Il existe certains genres et sous-genres qui ont leurs contraintes propres: les Hymnes Nationaux, par exemple. C'est seulement à l'intérieur de ces limites étroites que je me permettrais, peut-être, quelques comparaisons. Et encore… Et seulement pour y admirer le talent de Calixa Lavallée!

Une évolution musicale?

Pour être plus complet dans cette problématique, il faudrait ajouter une autre dimension: celle d'une évolution des répertoires dans le temps.

Nous savons tous que la plante commence sa croissance dans la terre (i.e. par le bas), puis émerge du sol pour se mettre à conquérir les espaces aériens (i.e. vers le haut). Et que les fleurs, puis les fruits, arrivent aux derniers stades de cette aventure. Il en va exactement de même pour l'évolution des espèces animales sur la terre depuis l'aube des temps. Les organismes les plus primitifs et les plus simples naissent en premier. Ils se complexifient sans cesse pour produire un jour des mammifères et l'Homme... que certains optimistes qualifient de «chef-d'œuvre de la Création»!

Je crois que l'on pourrait admettre un semblable processus pour nos trois répertoires musicaux: le populaire viendrait à l'origine de tout, suivi du folklore, aboutissant lui-même au classique comme achèvement suprême. Cela permettrait de redonner une certaine spécificité au répertoire classique. Arrivant au dernier stade de l'aventure musicale, il en serait la forme la plus évoluée, la plus élaborée et la plus complexe (s'il le veut bien). Je ne vois rien de snob ou de méprisant à penser ainsi. Parce que cette situation découlerait d'un phénomène naturel, personne ne pourrait en tirer orgueil. Le répertoire classique serait un peu les fleurs et les fruits de l'Arbre de la Musique. À lui de se montrer digne de sa position et de ne pas oublier tout le reste sur lequel il repose.

L'emploi du Folklore dans la musique classique

Il a été infiniment plus considérable qu'on ne le pense généralement. Et ce à toutes les époques. J'aimerais en distinguer au moins deux manières:

— la manière directe... où le compositeur classique emprunte un thème folklorique (ou plusieurs) et y ajoute sa musique. Deux formes se prêtent facilement à ce jeu: • Le Thème et Variations. Exemple: de Grieg: les *Variations sur une vieille Romance norvégienne.* • La Rhapsodie. Exemple parmi tant d'autres: les *Rhapsodies Hongroises* de Liszt.

— la manière indirecte... où le compositeur emprunte seulement des bribes de mélodies, des tournures, des rythmes, des sonorités, etc. Exemple: de Debussy, les *Jardins sous la pluie*, avec ses deux allusions à des chansons enfantines... Il arrive même que le compositeur s'inspire seulement d'une atmosphère folklorique. Exemple: du même, la *Cathédrale engloutie*, qui joue sur la vieille légende bretonne de la ville d'Ys.

Les deux manières sont bonnes, et — pour ma part — je les ai fréquentées généreusement. Pour concrétiser encore davantage ces réflexions, j'ajouterais trois anecdotes authentiques.

1) N'importe qui étudiant un recueil de nos danses carrées (reels, gigues, etc.) pourra constater qu'elles obéissent toutes à un plan très strict que nous appelons A-B. Étrange coïncidence: il s'agit exactement du même plan que Bach utilise dans la plupart de ses morceaux des Partitas (et de plusieurs autres œuvres). Et beaucoup de ces pièces portent des noms de danses tels que Gigues, Rigaudons, etc. Comme la Gigue est beaucoup plus ancienne que J.S. Bach, on devine facilement qui a emprunté quoi. Si l'on ajoute le fait que Bach se nourrissait aussi du Choral allemand (une autre forme de musique populaire, mais de nature religieuse), on admet sans peine qu'il ne manquait pas de racines dans le bas de son arbre.

2) Une de mes amies, excellente pianiste française, a fait de longues recherches sur la musique tzigane et ses influences dans le répertoire classique. Elle en a trouvé partout en Europe, depuis le fin fond de la Russie jusqu'au sud de l'Espagne. D'innombrables compositeurs s'en sont servi plus ou moins ouvertement. À un certain stade, tout devient inextricable. La musique tzigane influençant celle de l'Espagne, qui influença celle de France, qui influença des étudiants venus d'ailleurs... Comme une onde qui se propage ici et là.

3) En 1962, je voyageais en Europe avec mon frère. Par un fameux hasard, nous sommes arrivés en pays basque (du côté français) juste pour le «jour du 14 juillet». Naturellement, il y eut un défilé dont faisaient partie des musiciens populaires qui, avec leurs petites flûtes et leurs tambourins, se mirent à jouer des airs traditionnels de la région. Entendant ces sonorités légères et lumineuses,

nous nous sommes exclamés soudain: «Mais cela sonne comme du Ravel!» en nous rappelant nombre de passages semblables dans ses œuvres. Puis, en y réfléchissant davantage, je dis: «Non... c'est Ravel qui sonne comme les Basques...» Et je réalisai que les compositeurs ne nous avertissent pas toujours de ce qu'ils vont puiser à droite et à gauche. Et je sentis la profondeur des influences du pays natal et des musiques entendues pendant l'enfance.

Le cas du Québec

Il mérite une discussion à part tellement sa situation musicale par rapport au Folklore est bizarre. Les anciens compositeurs (comme Ernest Gagnon et d'autres) se contentèrent généralement d'harmoniser les airs de folklore qu'ils eurent souvent le mérite de recueillir. Vers 1940, nous aurions été prêts pour passer à un autre niveau de création. Celui d'œuvres plus considérables nourries de nos musiques populaires. Des pièces fort valables ont été écrites dans cette veine. Mais vers 1960, cet élan fut brisé par l'arrivée soudaine des modernistes et de la pseudo avant-garde. Le recours au Folklore devint une sorte de tabou. C'est pourquoi nous n'avons jamais eu ici l'équivalent d'un Gershwin aux USA ou d'un Villa-Lobos au Brésil. Peut-être que notre vieux complexe d'infériorité face à l'Europe y fut aussi pour quelque chose, de même que l'état incertain de notre pays au point de vue politique. Nous avons toujours eu beaucoup de mal à croire en la valeur de nos arts populaires. Il fallait que d'autres viennent nous rassurer constamment.

Aujourd'hui, le moins que nous devrions faire serait de dresser un inventaire des meilleures réalisations accomplies dans cette esthétique. Puis de les rendre disponibles aux mélomanes et aux étudiants en musique. Voici deux exemples parmi d'autres: les *Sketches Folkloriques* de mon ami Michel Perrault et les *Turluteries* d'André Gagnon. Les deux œuvres sont très bien enregistrées... mais elles sont dans la discothèque de Radio-Canada et, tenant compte des conventions syndicales, personne ne peut les écouter à son gré! C'est un scandale, à mon humble avis. J'ai essayé de sensibiliser les autorités à cette situation, avec un résultat nul jusqu'à maintenant. Il faudrait revenir à la charge.

La valeur du Folklore et des musiques populaires

J'aime souvent utiliser une image pour décrire les relations existant entre les diverses composantes de la Musique. Celle de l'ARBRE. En partant du bas vers le haut, nous trouverions: les racines... qui seraient les musiques populaires; le tronc... qui serait le Folklore; les branches (avec leurs feuilles, leurs fleurs et leurs fruits)... qui seraient la musique classique. Les rôles des racines et du tronc ne sauraient être sous-estimés. Ils soutiennent l'arbre, le nourrissent et le rattachent solidement à un sol précis.

Si certaines musiques classiques nous semblent si vivantes et si pittoresques, c'est toujours parce qu'elles se trouvent fortement enracinées dans une terre particulière. Les exemples viennent trop nombreux pour qu'on les cite. Même parmi les compositeurs les moins descriptifs: chez Bach, nous sentons parfaitement le sol germanique; tandis que, chez Purcell, nous sentons le sol britannique. Un des grands torts de la pseudo avant-garde consiste justement à essayer de couper les liens avec ces racines si nécessaires. Et de pratiquer une sorte de musique abstraite qui se veut de partout et qui se retrouve de nulle part... Le résultat donne quelque chose d'incolore, d'inodore et de fade. Une musique désincarnée.

Je sais bien que, au nom de l'internationalisme et de la mondialisation (qui sont devenus les dogmes de l'heure), ce qui, pour moi, est un sain nationalisme passera pour une maladie mentale affectant certains retardés dans mon genre. Il y aurait long à dire sur ce sujet. Et je vais essayer de résumer ma position.

Commençons par l'internationalisme. Il me semble que le mot implique justement qu'il y ait des «nations» pour pratiquer des interéchanges. Autrement dit, le vrai internationalisme ne peut exister s'il ne s'appuie d'abord sur un sain nationalisme. Car, pour faire des échanges, il faut avoir quelque chose d'intéressant et d'original à offrir de part et d'autre. Donc ces deux courants n'ont rien de contradictoires et devraient exister ensemble dans notre monde actuel. Et c'est bien ce qui se passe. Voici pourquoi, en parallèle avec l'internationalisme, les particularismes régionaux reprennent de la vigueur ici et là. Il faut s'en réjouir.

La mondialisation, par contre, qui présente beaucoup d'avantages pour les financiers, me paraît très dangereuse pour les gens de cultures. Le risque est grand de courir ainsi vers une homogénéisation des cultures locales, ce qui constituerait la pire chose. Car de l'uniformité naît l'ennui… et l'appauvrissement. Pensons aussi que cette homogénéisation se fera au profit d'une culture unique qui sera — à l'évidence — la sous-culture américaine, i.e. un nivellement par le bas et non la meilleure culture américaine que nous ne voyons jamais. Je ne suis nullement américanophobe. Mais j'aimerais que nos puissants voisins nous servent ce qu'ils ont de meilleur au lieu du contraire. Et qu'ils n'aillent pas étouffer, par des pressions économiques, d'autres cultures qui sont au moins aussi riches et aussi originales que la leur. Tout comme il existe un patrimoine génétique dans l'espèce humaine, il doit y avoir un patrimoine culturel. Les deux sont à protéger.

Par conséquent, le folklore — comme le sain nationalisme — ne risque pas de nous replier sur nous-mêmes. Il se prête facilement à des échanges avec nos amis d'ailleurs. Rien ne voyage plus vite et mieux qu'une belle mélodie.

Les deux pôles

À force de vivre dans la nature, on finit par découvrir des phénomènes étranges, des équilibres subtils qui peuvent ensuite nous inspirer.

Ainsi, imaginons que quelqu'un puisse voir la totalité d'un arbre arrivé à maturité. S'il tire une ligne vers la moitié de l'ensemble, il observera une structuration fort intéressante. Ainsi, dans le haut, il verra l'immense réseau des branches qui s'étendent dans toutes les directions comme pour aspirer le plus possible ce qui vient du Ciel. Alors que, dans le bas et dans le sol, il trouvera un autre réseau — aussi considérable et aussi étendu — qui est celui des racines et qui, lui, puise le plus possible dans ce qui vient de la Terre. En fait, l'arbre est structuré symétriquement à l'inverse... comme la fameuse théorie de C. Letendre sur nos modes majeur et mineur! Au printemps de leurs vies, les plantes commencent inexorablement à pousser par le bas. Mais, dès qu'elles sortent de terre, elles ouvrent leurs feuilles pour capter les énergies venant du Soleil. Sans se tromper, on peut conclure qu'un arbre se nourrit par les deux bouts: il tire sa vitalité des échanges qui se produisent entre ses deux pôles extrêmes.

J'aime à croire qu'il en va ainsi pour l'ensemble de la Musique et qu'il existe une sorte d'équilibre naturel entre ses trois répertoires, surtout entre ceux qui se trouvent situés aux deux bouts. Dans cette perspective, il devient absurde de penser qu'un répertoire coupé des deux autres puisse longtemps se maintenir en santé.

Une thérapie pour la musique?

Quand j'observe l'état actuel de la musique classique et celui de la musique populaire, il m'arrive souvent de ne pas trouver grand motif à réjouissance. Pour dire vrai, ces deux répertoires me paraissent aussi mal en point l'un que l'autre. Mais je ne cède jamais au pessimisme, et je continue mon travail de compositeur «marginal» pour au moins deux bonnes raisons.

— Premièrement, il faut se garder de tomber dans un piège facile et trompeur: celui qui consiste à comparer un répertoire déjà trié par le temps (contenant seulement les chefs-d'œuvre du passé) avec un répertoire non trié (qui nous présente le meilleur mélangé au pire, et qui peut même nous cacher le meilleur pendant plusieurs années). Ce genre de comparaison se fait inévitablement au détriment du présent. C'est cultiver la nostalgie par complaisance.

— Deuxièmement, si nos réflexions précédentes sur l'Arbre Musical sont justes, elles nous donneront peut-être un remède simple et global pour les deux répertoires malades. Distinguons deux situations et tirons-en les conclusions médicales.

La pire serait celle où le répertoire classique s'éloigne des répertoires folklorique et populaire. Alors les deux groupes se polarisent aux extrémités de l'Arbre et coupent au maximum leurs échanges vitaux. La musique classique, privée de ses racines, s'envole comme un ballon fou et part vers l'absurde et la stérilité. Elle aboutit justement à la pseudo avant-garde qui nous afflige. La musique populaire, attirée vers le bas, a tendance à sombrer dans la médiocrité et le commercialisme à outrance. Commence alors le règne du compte des disques vendus pour déterminer la valeur esthétique d'une production et autres semblables aberrations.

J'irais jusqu'à dire que chacun de nos deux groupes sert de contrepoids et de garde-fou à l'autre: la bonne santé de tout l'Arbre dépend de leur équilibre et de leurs échanges. Je crois fermement que, dans un état de coupure tel que décrit plus haut, les trois répertoires se retrouvent perdants et malades.

Par contre, la meilleure situation sera celle qui se comporte à l'inverse de la précédente: là où les trois répertoires se rapprochent jusqu'à ne plus se distinguer et où les mouvements vitaux circulent de bas en haut et vice-versa. Alors la vraie créativité fonctionne au maximum et tout le monde s'en porte mieux. Le haut et le bas s'équilibrent l'un l'autre et corrigent réciproquement leurs défauts: le haut relevant le bas, et le bas empêchant le haut de dériver vers des folies.

Dans cette perspective, le cas de l'Irlande m'a grandement séduit. On y voit les trois répertoires vivre en harmonie et symbiose. Avec une musique populaire et folklorique très dynamique qui se manifeste librement dans les pubs et ailleurs. Et de grands interprètes classiques, comme le flûtiste James Galway, qui passent allégrement d'un répertoire à un autre. Aussi observe-t-on une créativité peu commune dans un pays aussi petit comprenant seulement cinq millions d'habitants. Fait à noter aussi: la pseudo avant-garde n'y pousse pas fort... mais l'originalité vraie y abonde. Dans une belle synthèse de respect des traditions et d'innovation hardie.

Faut-il donc en conclure qu'il suffirait de rapprocher et rebrancher les musiques classique, folklorique et populaire pour que la vitalité se remette à circuler dans tout l'ensemble musical? Personnellement, je n'en doute pas!

Retour aux sources

Je n'ai jamais délaissé notre folklore québécois, mais j'ai eu bien peur de le perdre pendant de longues années. J'ai vu disparaître progressivement l'œuvre de la Bonne Chanson, l'abbé Charles-Émile Gadbois, la présence de nos musiques dans les médias, son emploi par nos bons compositeurs, etc. Je continuais à m'en inspirer dans mes œuvres, en passant de plus en plus pour un bizarre personnage! Après 1975, le goût me prit soudain de commencer une longue exploration (qui dure toujours) parmi divers folklores étrangers. C'est ainsi que je m'offris un grand tour dans les chants de Noël, les musiques amérindiennes, le folklore grec et l'art byzantin, les joyeusetés du Tyrol, et les merveilleuses musiques des pays celtiques (Irlande, Écosse, Pays de Galles et Bretagne). En plus, la musique anglaise que je découvris vraiment vers cette époque. Et bien d'autres qui s'ajoutèrent en cours de route. J'ai beaucoup appris au fil de ces aventures, et je peux dire que, à chaque étape, j'ai ressenti un renouveau de créativité. Mais je me sentais un peu comme le Canadien Errant... en voyant que les choses allaient si bien ailleurs et si mal ici.

Puis, au début de 1995, une belle surprise m'attendait. Par un hasard aussi heureux que bienvenu, je découvris soudain que notre folklore non seulement existait encore mais qu'il était plus en forme que jamais. Ce fut ma rencontre avec l'Association Québécoise des Loisirs Folkloriques, forte de ses 450 membres, de toutes ses activités dans la province, de sa belle revue Folk-lore, bref d'un monde grouillant de vie dont le seul tort était de ne pas se manifester dans nos médias. Et d'une solide relève de jeunes musiciens qui finiront bien par se sortir des limites où l'on essaie de les maintenir. Mon appui leur est assuré.

Cadence finale

Au terme d'un si long voyage, j'aimerais dire simplement que la Musique — avec ses divers répertoires — m'a toujours paru comme un jardin immense et merveilleux. En y marchant, on découvre sans cesse de nouveaux paysages sonores, qui s'ajoutent à ceux déjà connus et qui apportent chacun des moments de pure joie et des sources d'inspiration. Une vie entière ne suffit pas pour explorer ce monde enchanté. Je pense donc qu'un vrai musicien ne devrait jamais accepter qu'on lui interdise de larges zones de son plaisir. Tout lui appartient de droit: lui seul doit décider où il veut aller et quand il se sent prêt pour telle avenue.

Ce qui m'a dégoûté très tôt de la pseudo avant-garde, c'est l'ampleur des renoncements qu'elle exige. Celui qui s'emprisonne dans la musique atonale, les techniques sérielles et autres incongruités semblables se coupe automatiquement des trois répertoires décrits plus avant... aussi bien du classique, que du folklore et de la musique populaire. Il ne peut même plus emprunter une mélodie pour en composer un Thème et Variations. Autant dire qu'il perd 99.9% de toute la musique. Et au profit de quoi? D'un maigre 0.1% qui n'a jamais fait ses preuves même s'il promet la lune depuis des lustres. Cette situation ressemble étrangement à celle qui prévalait dans les anciens pays totalitaires de la défunte URSS, où l'on demandait sans cesse au peuple de se priver de tout, en commençant par la Liberté, dans l'attente d'un Paradis sur terre... qui se voyait indéfiniment reporté à plus tard. Finalement, les seules choses que ces pauvres gens eurent en abondance furent des privations! Et on qualifia ces régimes atroces de «démocraties populaires»... tout comme l'on osa parler dans notre cas d'une «libération de la musique».

Alors, vraiment, non merci!

Que l'on m'excuse! Je retourne à mes amours. Vers la Claire Fontaine qui s'éveille et les Belles Hirondelles qui recommencent à chanter, par ce lever de soleil et ce début de printemps.

St-Grégoire, le 6 avril 1996

PHOTO: ROBERT LALIBERTÉ

6

Denis Bédard

Denis Bédard, compositeur-éditeur

Denis Bédard

Après de brillantes études au Conservatoire
(il y remporta cinq Premiers Prix), Denis Bédard
choisit de poursuivre ses études en Europe.
En septembre 1975,
grâce à une bourse d'étude
du Conseil des Arts du Canada,
il s'envolait pour Paris
où il étudia le clavecin avec Laurence Boulay
et l'orgue avec André Isoir.
De retour au pays, il prit des leçons à Montréal
avec Mireille et Bernard Lagacé.
S'ensuivirent une série de stages à Amsterdam
avec le célèbre claveciniste Gustav Leonhardt.
En 1981, alors qu'il est professeur au Conservatoire
de Québec, Denis Bédard compose
sa Sonate *pour saxophone alto et piano,*
puis une Suite *pour quatuor de saxophones,*
suivi de plusieurs autres compositions
— notamment pour orgue —
qui connurent un grand succès.
En 1993, il crée sa propre maison d'édition
(Cheldar), consacrée à la diffusion de ses œuvres
et en particulier de sa musique d'orgue.

«La musique doit humblement
chercher à faire plaisir.»
Claude Debussy (1862-1918)

Cheminement

Aussi loin que remontent mes souvenirs, la musique a toujours fait partie de ma vie. Mon père était organiste de paroisse (il l'est toujours d'ailleurs, depuis cinquante ans à la même tribune); très jeune j'allais souvent aux offices religieux avec lui et me laissais imprégner par la musique liturgique de cette époque: chant grégorien, cantiques, etc. Nous avions un piano à la maison et mes premières leçons de musique, très informelles, m'ont été données par mon père. Nous avions également un certain nombre de disques de musique classique que j'écoutais avidement, l'oreille collée au haut-parleur du vieux tourne-disque familial. Des œuvres comme le *Concerto pour violon* de Mendelssohn ou la *Symphonie du Nouveau Monde* de Dvorák me devinrent rapidement familières. À l'âge de sept ans et demi, je commençai à prendre des leçons de piano, de solfège, de dictée musicale et de théorie avec une religieuse qui offrait ces cours à l'école que je fréquentais. Mes progrès furent très rapides et, dès l'âge de onze ans, j'entrais au Conservatoire de Québec dans la classe de piano de Tania Krieger. Deux ans plus tard, ayant remporté des premières Médailles de solfège et de dictée musicale, je commençais l'étude de l'harmonie avec André Mérineau.

Mes premiers essais de composition remontent à une époque légèrement antérieure, soit vers l'âge de neuf ou dix ans. Je me plaisais à inventer de petites pièces pour piano, fort maladroites d'ailleurs. Je me souviens aussi avoir audacieusement projeté d'écrire une œuvre symphonique pour grand orchestre. M'inspirant d'un petit volume sur les instruments de musique et l'orchestration, j'avais préparé ma page de musique, assignant un instrument à chaque portée. Hélas, les connaissances, la technique et l'expérience manquant, je ne pus me rendre plus loin que la deuxième mesure! J'aurais dû m'y prendre comme maintenant: écrire pour le clavier d'abord, orchestrer ensuite!

Comme j'avais beaucoup de facilité à déchiffrer la musique et que j'étais d'une curiosité insatiable, je passais beaucoup de mon temps à lire au piano les œuvres des grands compositeurs, parfois au détriment du travail technique exigé par mon professeur... Bach, Beethoven, Chopin et plusieurs autres étaient devenus mes familiers. Vers l'âge de 16-17 ans, je découvris la musique dite «d'avant-garde», notamment les premières œuvres sérielles pour le piano de Schœnberg. Ma réaction première en fut une de répulsion mais également de curiosité intellectuelle; je m'efforçais de m'intéresser à cette musique en me disant qu'à force de l'écouter je parviendrais bien à y comprendre quelque chose, et que de toute façon il fallait être de son temps. Je me procurais des disques d'œuvres de l'école viennoise (Schœnberg, Berg, Webern), j'écoutais également Varèse, Pierre Henry et d'autres. Je lisais et m'informais sur l'évolution de la musique contemporaine, bref, je voulais être «à la page».

Je commençai à me poser de sérieuses questions sur tout cela le jour où, voulant approfondir ma connaissance de la technique de composition sérielle, je décidai de composer moi-même une petite pièce pour piano selon ce principe. Je me rendis vite compte du caractère totalement artificiel de cette méthode. Je constatais que l'usage de la série était une contrainte inutile qui tuait l'inspiration musicale et que les compositeurs sériels qui, comme Alban Berg, parvenaient à écrire de la musique authentique, y arrivaient malgré la série. Alors à quoi bon la série? me disais-je. D'ailleurs, mes interrogations ne concernaient pas seulement le sérialisme mais également le principe même de l'atonalité. Je sentais confusément que la musique est faite de tensions et de détentes, et que ces deux éléments étaient totalement absents de la musique atonale. Enfin et surtout, j'estimais que toute cette musique d'avant-garde était suprêmement et exclusivement cérébrale, alors que l'instinct et l'émotion me semblaient être les conditions essentielles de l'authenticité de toute musique.

On raconte que Mozart, dont l'instinct musical était infaillible, dès l'âge de trois ans, cherchait sur le clavecin les «notes qui s'aiment». Je veux bien admettre que Mozart était né dans une famille où la musique était à l'honneur, mais je doute qu'un enfant de trois ans ait pu être vraiment «conditionné» par la musique tonale, comme pourraient objecter les atonalistes. La plus grande part de son génie était certainement innée. Les lois tonales devaient donc être elles aussi quelque chose d'inné, me disais-je; Mozart en était la preuve! C'est alors que je tombai sur un bouquin qui allait me marquer: *Les fondements de la musique dans la conscience humaine* d'Ernest Ansermet*.

Cet ouvrage monumental, que l'auteur mit quinze ans à écrire, m'apparut comme une véritable somme sur l'essence même de la musique. Ansermet entend démontrer, à l'aide d'une recherche très élaborée sur l'acoustique nécessitant de nombreux (et parfois arides) calculs mathématiques, que les lois de la tonalité sont inscrites dès la naissance dans l'oreille humaine. Toute l'aventure de l'atonalisme lui apparaît donc comme une parenthèse dans l'histoire de la musique. En fait, la musique se présente comme un langage qui, comme tout langage, obéit à des lois qui en assurent la communicabilité. Les lois du langage musical étant celles de la tonalité (au sens large, ce terme englobant la musique modale et polytonale), toute œuvre dont l'écriture s'écarte délibérément des lois tonales devient par le fait même incommunicable et n'a donc aucune chance d'être comprise par le public. De plus, l'affectivité humaine intervient de façon primordiale dans l'apparition de la musique à travers les sons, celle-ci étant définie comme le langage du «sentiment». Enfin, l'analyse d'Ansermet débouche de façon grandiose sur la philosophie, la théologie et la morale, le tout truffé d'intéressantes considérations sur des compositeurs qu'il a bien connus, notamment Stravinsky et Frank Martin.

* Éditions de la Baconnière, Neuchâtel (Suisse), 1961. L'ensemble des écrits sur la musique d'Ernest Ansermet (1883-1969) a été récemment réédité chez Robert Laffont, dans la collection économique Bouquins.

Je dévorai donc passionnément ce livre, en ayant l'impression que je trouvais enfin réponse à mes interrogations. Après presque trente ans, j'ai pris un peu de recul avec toute position intellectuelle trop catégorique; mais il reste que, encore aujourd'hui, j'ai beaucoup de difficulté à accoler le nom de «musique» à une œuvre où les principes élémentaires de la tonalité sont complètement indiscernables. Mes convictions humanistes m'inclinent à respecter les productions d'avant-garde, comme toute œuvre d'art digne de ce nom, mais je crois que seule la musique vraiment authentique, et donc ayant un rapport plus ou moins étroit avec la tonalité, peut toucher le cœur et l'âme de l'homme.

Mais revenons à mes études musicales. Après avoir obtenu un deuxième Prix d'harmonie et m'être livré à de profondes réflexions sur mon avenir (la littérature m'intéressait presque autant que la musique), je résolus d'abandonner le piano et d'opter pour l'étude de l'orgue. Cet instrument me paraissait mieux convenir à mon tempérament et à mes goûts. J'éprouvais à cette époque une grande passion pour l'œuvre de Bach; peut-être, combiné avec l'exemple paternel, est-ce le désir d'approfondir l'œuvre du Cantor de Leipzig qui me poussa vers l'orgue? J'entrai donc, en 1968, dans la classe de Claude Lavoie au Conservatoire. L'année suivante, je commençais également l'étude du clavecin avec Donald Thomson. En même temps, je travaillais le contrepoint et la fugue avec Madeleine Martin, disciplines qui allaient me fournir une véritable technique d'écriture.

Je me mettais aussi à composer plus sérieusement: des petites pièces d'orgue et de piano, un morceau pour violon et piano, un duo pour violon et violoncelle, etc. Je fréquentais de temps à autre la classe de composition de Pierick Houdy. Mais comme ce dernier, par ailleurs un musicien prodigieusement doué, considérait que la composition ne s'enseigne pas et estimait donc être le seul professeur du Conservatoire à n'enseigner rien... je n'appris en effet pas grand-chose à son contact! Ces études me permirent tout de même d'élaborer, de manière presque autodidacte, des œuvres telles que mon *Divertissement* et mon *Impromptu* pour piano, ma *Fugue* pour cuivres ainsi que ma *Fantaisie* pour clavecin. J'étais à cette époque (1972-73) influencé par Hindemith, que j'écoutais beaucoup et, de façon moindre, par Messiaen, dont je travaillais quelques pièces à l'orgue.

Ces années de Conservatoire furent couronnées de succès: je remportai cinq premiers Prix en quatre ans (contrepoint, fugue, orgue, clavecin et musique de chambre). Je décidai de poursuivre mes études d'orgue et surtout de clavecin en Europe et, en septembre 1975, m'envolai pour Paris grâce à une bourse du Conseil des Arts du Canada. J'y travaillai le clavecin avec Laurence Boulay et l'orgue avec André Isoir. De retour au pays, je pris des leçons à Montréal avec Mireille et Bernard Lagacé, puis remportai le Prix d'Europe 1975. S'ensuivirent une série de stages à Amsterdam avec le célèbre claveciniste Gustav Leonhardt.

Ces études instrumentales intensives s'accompagnèrent d'un silence à peu près complet sur le plan de la création. L'avant-garde atonaliste et électro-acousticienne battait alors son plein et je me sentais de plus en plus isolé étant donné mes idées esthétiques. Pire, le goût de composer me quittait peu à peu. Je me concentrais sur les débuts de ma carrière de concertiste et délaissais de plus en plus l'écriture. Cela dura jusqu'à un certain jour de 1981, alors que le saxophoniste Claude Brisson me demanda de composer une œuvre pour saxophone et piano qu'il se proposait de créer l'année suivante au Congrès international de saxophone à Nuremberg.

Je venais d'être nommé professeur de matières théoriques au Conservatoire de Québec et Claude Brisson était un collègue de cette institution. D'abord un peu surpris et tout de même flatté par cette marque de confiance, je lui demandai un peu de temps pour vérifier si mes facultés créatrices étaient toujours intactes. Elles l'étaient, et ma *Sonate* pour saxophone alto et piano vit le jour en quelques mois. Sa création à Nuremberg remporta beaucoup de succès et l'œuvre fut rejouée à maintes reprises par la suite. Encouragé, je me lançai dans la composition d'une *Suite* pour quatuor de saxophones, écrite à l'intention du Quatuor Pierre Bourque. Cette œuvre fait maintenant partie du répertoire habituel de plusieurs quatuors de saxophones au Canada.

Suivirent des commandes de la Société Radio-Canada et de musiciens particuliers, ainsi que plusieurs œuvres que j'écrivais simplement par goût de créer. J'avais définitivement retrouvé l'envie de composer, et le succès que remportaient mes œuvres me redonnait confiance en moi-même et en ma créativité. Attiré d'abord par les petits ensembles (sonates pour divers instruments, *Divertimento* pour flûte, hautbois, violoncelle et clavecin), je m'attaquai bientôt aux œuvres orchestrales (*Concerto* pour flûte, *Microsuite* pour orchestre, *Concerto* pour 4 marimbas et orchestre à cordes).

Assez curieusement, je mis plus de temps avant d'oser écrire pour l'orgue, pourtant mon propre instrument. Peut-être étais-je intimidé par la richesse exceptionnelle du répertoire déjà existant, ou par son caractère généralement solennel et sérieux, alors que ce que j'écrivais me semblait plus léger. Je finis par composer ma première œuvre pour orgue d'importance en 1986 *(Variations sur le choral «Freu dich sehr, o meine Seele»)* et la créai la même année à Chicoutimi. Je ne récidivai qu'en 1991 avec ma *Suite*, œuvre très populaire qui allait ouvrir une période particulièrement faste consacrée surtout à la composition pour orgue. Récemment, je me suis plu à mélanger l'orgue à d'autres instruments, parfois inattendus comme le saxophone (étrange mariage d'un instrument religieux et d'un instrument «sexy», me disait quelqu'un!). J'aimerais composer un jour un concerto pour orgue et orchestre; en attendant, étant donné les nombreuses commandes que je reçois, les projets ne manquent pas.

Il est toujours difficile pour un compositeur de définir son propre style. Je me contenterai donc de rapporter ce qu'on en dit. Ma musique apparaît comme très claire, essentiellement mélodique, d'une écoute généralement «facile» sans tomber dans la banalité. Une harmonie riche, beaucoup de couleur, une certaine fraîcheur avec une pointe d'humour «à la française», caractérisent le tout, rappelant parfois Poulenc que j'admire beaucoup. J'attache une grande importance à la cohérence de la forme ainsi qu'à la communication immédiate avec le public. J'essaie de faire en sorte que les auditeurs comprennent mes œuvres dès la première écoute et qu'ils aient envie de les réentendre simplement pour le plaisir. Le plaisir de l'écoute... voilà un aspect dont les compositeurs ne se sont pas préoccupés depuis bien longtemps, me semble-t-il. Sans tomber dans l'hédonisme, je crois que l'ancienne définition de la musique comme «art d'agencer les sons d'une manière agréable à l'oreille» avait du bon. En fait, je n'ai jamais estimé que déplaire ou choquer était une position esthétique viable...

Je puise mon inspiration un peu partout, dans la musique romantique, la musique baroque, la musique de la Renaissance, l'impressionnisme, le jazz, le folklore, voire la musique populaire... et surtout en moi-même! Il s'agit pour moi de personnaliser tout cela, de faire en sorte que l'on reconnaisse facilement ma signature. J'accorde beaucoup d'importance à la spontanéité de l'inspiration et de l'écriture. Je n'aime pas que ma musique sente le «travail». D'ailleurs je me rends compte qu'au fil des années je compose de plus en plus rapidement. Ma première *Sonate* pour saxophone et orgue, d'une durée de 13 minutes, ne m'a pris que deux semaines de labeur, mes *Variations sur «In dulci jubilo»* pour orgue, cinq jours... Ceci dit, la vitesse d'élaboration d'une œuvre ne garantit aucunement sa qualité et certains compositeurs illustres, Beethoven par exemple, n'avaient pas le travail «facile». Au fond, seul compte le résultat artistique.

Composition et édition

Au milieu des années quatre-vingt, la situation de l'édition de la musique «classique» au Québec se résumait, à ma connaissance, à deux maisons: les Éditions Doberman, où sont publiées les œuvres de plusieurs têtes d'affiche de la musique québécoise (Hétu, Prévost, Vivier, Garant, etc.); et les Éditions Jacques Ostiguy, spécialisées dans la musique d'orgue québécoise (R. Daveluy, B. Piché, C. Letendre, R. Matton, A. Gagnon, etc.). En 1986, sur le conseil de la flûtiste

Barbara Todd et de la musicologue Irène Brisson, Paul Gerrits des Éditions Doberman me téléphona pour m'offrir d'éditer ma musique. J'allai le rencontrer, apportant avec moi quelques partitions et cassettes, et le prévins de la tendance plutôt «conservatrice» de mon style. Il m'assura de son ouverture d'esprit et me proposa quelques jours plus tard de publier ma *Sonate* pour saxophone alto et piano. L'année suivante, ce fut le tour de ma *Sonate* pour flûte et piano, qui s'avéra un grand succès de vente: plus de 700 copies vendues à ce jour à travers le monde, en particulier en Angleterre.

Je fus également approché par Jacques Ostiguy qui se montra enthousiasmé par ma *Sonate* pour trompette et orgue. La publication de cette œuvre se trouva toutefois compromise par des coupures dans l'aide à l'édition musicale par le ministère des Affaires culturelles du Québec. Cette situation mit fin (au moins pour un temps) aux activités éditoriales de la maison Ostiguy et affecta également les Éditions Doberman. Je me tournai alors vers d'autres éditeurs, canadiens et étrangers, mais ne remportai pas le succès espéré.

Vers la même époque, des amis musiciens me firent connaître le logiciel de copie musicale *Finale*. Mes connaissances en informatique étaient alors totalement nulles et le logiciel m'apparut fort compliqué et rébarbatif. Toutefois, la perspective de devenir moi-même éditeur de mes propres œuvres se présenta aussitôt à mon esprit. Après quelques mois de tergiversations et de discussions avec mon épouse Rachel Alflatt, je procédai à l'achat d'un ordinateur Macintosh, d'une imprimante au laser et du logiciel *Finale*. Je fis l'apprentissage du logiciel grâce au manuel d'instructions en huit leçons fourni avec celui-ci. Au bout de deux semaines, j'avais acquis suffisamment d'aisance pour pouvoir commencer à entrer sur mon ordinateur les données de quelques-unes de mes compositions. Le 30 avril 1993, c'est avec fierté et enthousiasme que Rachel et moi nous rendions au Palais de justice de Québec pour y enregistrer officiellement les Éditions Cheldar, entreprise consacrée à la diffusion de mes propres œuvres et en particulier de ma musique d'orgue.

Le nom Cheldar est formé de la dernière syllabe du prénom de mon épouse et de la dernière syllabe de mon nom de famille, amputée du «d» final. Rachel et moi sommes en effet partenaires dans cette entreprise. Ma tâche principale consiste à saisir la musique sur ordinateur, à vérifier très soigneusement le résultat et à sortir une copie maîtresse. Puis, nous allons généralement ensemble faire photocopier l'œuvre en petites quantités. Pourquoi choisir la photocopie plutôt que l'imprimerie? C'est que l'imprimerie, pour être rentable, suppose la production d'une grande quantité de copies (au moins 500). Nous préférons produire une quarantaine de copies à la fois: le problème de l'entreposage se trouve éliminé!

Le choix du type de reliure a occasionné quelques discussions entre Rachel et moi. Notre préférence va maintenant à la brochure pour les petits cahiers, et à la spirale pour les cahiers plus volumineux. Les organistes dans l'ensemble préfèrent ce dernier type de reliure qui s'avère plus pratique pour le travail à l'instrument, le cahier restant bien ouvert pendant l'exécution.

La tâche de Rachel concerne surtout la publicité. Elle s'occupe de la production du catalogue, de la rédaction des lettres personnelles, des communiqués et des articles que nous faisons paraître dans des revues musicales spécialisées, ou encore des communications téléphoniques, en particulier quand celles-ci doivent se faire en anglais (Rachel est anglophone). Elle travaille présentement à la traduction d'un important article de Sylvain Caron sur mon œuvre d'orgue, paru dans la revue québécoise *Mixtures*, en vue d'une publication prochaine dans la revue *The American Organist* ainsi que dans le bulletin national du RCCO (Royal Canadian College of Organists).

Nous avons effectué jusqu'à présent des ventes au Canada, aux États-Unis, en Angleterre, en Espagne, en Norvège, au Danemark et en Afrique du Sud. Ma musique d'orgue connaît un succès marquant en Angleterre grâce, notamment, au prosélytisme infatigable d'un couple d'organistes duettistes de Bath, Robin Jackson et Maureen McAllister. Ces derniers avaient entendu une exécution de ma

Sinfonietta pour orgue à quatre mains par les organistes montréalais Philip Crozier et Sylvie Poirier lors de leur tournée européenne de 1994. Enthousiasmés par cette œuvre, ils m'écrivirent pour m'en commander une copie. Ils se sont par la suite procuré toutes mes autres œuvres d'orgue et se font un point d'honneur de faire entendre ma musique à chacun de leurs concerts, ou presque. Inutile de dire que nous avons entamé depuis une correspondance très amicale. Robin donne également de temps à autre des ateliers ayant pour but de faire connaître du répertoire d'orgue à des organistes qui ne possèdent pas une grande technique, ou encore qui n'ont à leur disposition qu'un petit instrument. Comme j'ai écrit des œuvres pouvant s'adresser à ce créneau d'interprètes (par exemple mes *Six Interludes* et ma *Méditation sur «O Filii et filiae»*), Robin leur fait entendre ces pièces et fournit à l'auditoire des copies de notre catalogue, ce qui nous a valu de nombreuses commandes. Le même phénomène risque de se produire avec un organiste britannique installé au Danemark, Michael Austin, qui est en train de se faire le champion de ma musique dans ce pays.

Nos partitions peuvent être commandées en écrivant ou en téléphonant à notre domicile; elles peuvent également être achetées dans quelques magasins de musique au Québec, en Ontario et au Manitoba. D'après mon expérience, c'est le contact direct avec le public qui donne les meilleurs résultats. L'écoute d'une œuvre nouvelle, en concert, à la radio ou sur disque, incite davantage un client à s'en procurer la partition que la simple consultation de cette partition en magasin. J'en donnerai pour exemple les ventes très fructueuses que nous avons effectuées lors du congrès de la Fédération québécoise des Amis de l'orgue en juin 1995. Il faut dire que toutes les chances étaient de notre côté: nous avons profité de ce congrès pour «lancer» la partition d'une œuvre *(Rhapsodie sur le nom de LAVOIE)* qui avait été créée la veille par les concurrents du Concours d'orgue de Québec. Cette pièce avait été commandée par la Société Radio-Canada spécialement pour la finale du concours. Comme la grande majorité des congressistes avait assisté à cette compétition et que la réception de l'œuvre avait été très positive, les copies de cette Rhapsodie se sont envolées comme des petits pains chauds, de même que plusieurs autres titres. De plus, la présence du compositeur avait certainement contribué à ce succès de vente.

Une autre raison de notre succès, plus terre à terre celle-là, découle de notre politique de bas prix. Les coûts de nos partitions s'échelonnent de 2,00$ à 18,00$, avec une concentration autour de 9,00$, ce qui est très modique comparativement à plusieurs maisons d'édition renommées, en particulier européennes. D'après nous, le prix ne doit pas être un obstacle pour le consommateur et nous préférons vendre beaucoup (relativement!) à des prix raisonnables que risquer de ne pas vendre du tout à cause de prix trop élevés.

Mes activités de concertiste sont également devenues d'excellents outils de promotion pour les Éditions Cheldar. Tous mes récitals comportant quelques-unes de mes compositions, je prends soin d'apporter sur place plusieurs copies de mes œuvres qui sont mises en vente dès la fin du concert. Les résultats sont parfois étonnants. J'effectuais récemment (février 1996) une tournée de cinq concerts en Alberta et en Saskatchewan. Deux de mes œuvres figuraient au programme de chaque concert et j'avais apporté deux boîtes pleines de mes partitions. Au bout de trois concerts, presque tout était vendu, si bien que les acheteurs des deux derniers récitals durent commander les pièces de leur choix!

Je poursuis donc maintenant un triple but en donnant un concert: il s'agit de me faire valoir comme interprète, comme compositeur et comme éditeur. Ce phénomène, certainement nouveau dans l'histoire de la musique, est évidemment dû à l'extraordinaire développement de l'informatique, de même qu'à l'existence de la photocopie. Il était à peu près impossible aux compositeurs du passé d'être éditeurs de leurs propres œuvres; il leur aurait fallu investir dans l'achat d'une imprimerie, engager des ouvriers spécialisés, etc. Tandis que maintenant, pour quelques milliers de dollars, de la détermination et du temps, tout compositeur peut s'éditer lui-même. J'en vois d'ailleurs plusieurs exemples autour de moi. En ce qui me concerne, l'édition m'apparaît comme une prise de contrôle complète de tous les aspects du métier de compositeur, depuis l'inspiration initiale jusqu'à la vente du cahier.

Je prévois enregistrer au cours de l'automne 1996 un CD entièrement consacré à mes œuvres d'orgue. Étant donné l'importance du disque dans la vie musicale actuelle, je considère ce projet comme un complément indispensable à nos éditions. J'ai également entamé la composition de petites pièces enfantines pour le piano, destinées à l'enseignement. Comme ces dernières ne seront jamais jouées par des concertistes chevronnés, leur seule «rentabilité» réside dans la vente des cahiers. La collaboration des magasins de musique sera toutefois indispensable pour la vente à grande échelle de ce type de produit, ainsi que, nous l'espérons, la mention de ces pièces dans les programmes de l'Académie de musique du Québec et d'autres institutions similaires.

Les Éditions Cheldar ont évidemment encore beaucoup de chemin à parcourir avant de faire vraiment partie du paysage musical international... Comme projet à court terme, nous avons l'intention de nous attaquer au marché européen francophone par le moyen d'articles dans des revues spécialisées (par exemple L'Orgue Francophone). Il peut paraître curieux que nous n'ayons pas encore cherché à percer le marché français au bout de trois ans d'existence, alors que la langue et la culture devraient nous en rapprocher. C'est que, comme je l'ai raconté plus haut, d'une part, les circonstances ont fait que nous avons dû nous concentrer d'abord sur le marché anglophone, et en particulier britannique et que, d'autre part, il ne faut pas oublier que la moitié des Éditions Cheldar, à savoir mon épouse, est anglophone!

Il reste que, dans l'ensemble, notre expérience à titre d'éditeurs est emballante. Au-delà de considérations de rentabilité financière (encore bien modeste...), ma musique n'a jamais été aussi connue, aussi jouée et aussi diffusée que depuis la mise sur pied de cette entreprise, et c'est là, d'abord et avant tout, le but des Éditions Cheldar.

Nos multiples activités, à titre de musiciens d'église (Rachel est également organiste), de concertistes, de compositeur et de professeur, ne nous permettent pas de consacrer à notre entreprise autant de temps que nous le souhaiterions, mais les résultats obtenus jusqu'à présent sont fort encourageants et nous incitent à poursuivre dans la voie que nous nous sommes tracée.

Mars-avril 1996

PHOTO: GUYLAINE LÉVESQUE

7

Marie-Andrée Ostiguy

Gérer sa propre carrière

Marie-Andrée Ostiguy

Marie-Andrée Ostiguy a commencé ses études musicales au Conservatoire de Musique de Montréal et poursuivit sa formation au Juilliard School à New York, à l'Université d'Indiana, au Banff School of Fine Arts et à l'Université de Montréal, où elle termina son baccalauréat en interprétation piano. Elle étudia avec des maîtrés réputés: André Laplante, Gyorgy Sebök, Shigeo Neriki, Jacinthe Couture. Elle continue son perfectionnement avec le pianiste Henri Brassard. L'originalité de la musique de Marie-Andrée Ostiguy et la croissance constante de son public n'est pas passé inaperçue de l'industrie musicale. En 1995, elle reçut une nomination pour un Juno dans la catégorie «artiste instrumental de l'année» pour son deuxième album «Tandem», faisant suite à sa nomination pour un Félix au gala de l'ADISQ dans la catégorie «album de l'année — instrumental» en 1994. Son premier album, «Montréal Concerto», se mérita la même distinction en 1988 dans deux catégories «meilleur album de l'année» et «meilleur album instrumental». En 1989, Marie-Andrée Ostiguy fut également choisie par le réseau de télécommunications québécois COGECO comme «meilleure jeune artiste à promouvoir».

«L'imagination est plus importante
que le savoir.»
Albert Einstein

Mes études musicales me destinaient à une carrière de pianiste de concert, et je n'avais aucune idée que mes compositions seraient un jour le moteur de ma vie professionnelle. Au départ, la composition n'était pour moi qu'une détente, un passe-temps. Mais un passe-temps qui me fascinait. Par la suite, des événements et des gens ont marqué en profondeur mon développement intellectuel et artistique. J'ai dû prendre certains détours qui m'ont permis d'ajouter plusieurs cordes à mon arc. J'aimerais vous en parler.

Les débuts

Je suis née à Marieville, à mi-chemin entre Montréal et Sherbrooke, où mes parents, Gilles Ostiguy et Monique Jodoin, possédaient une ferme laitière. Dans cet environnement simple et sain, j'ai vécu une enfance heureuse et paisible avec mes sœurs cadettes Christine et Isabelle.

Très tôt, le vieux piano droit du salon, que ma mère avait hérité de sa grand-mère maternelle, Blanche Arès, devint mon «centre d'attraction». L'instrument me permettait de laisser libre cours à mon imagination, servant de trame sonore aux histoires que je mettais en scène avec mes poupées.

Mes parents écoutaient beaucoup de musique, à la radio et sur disque, autant classique que populaire, avec une préférence marquée pour les belles mélodies et la chanson française. Un de nos jeux préférés était d'apprendre toutes les pièces musicales d'un album, pour ensuite être capables de les chanter, dans l'ordre, et sur la bonne note, s.v.p.! Toute petite, je me mettais au piano pour essayer de reproduire «par oreille» mes mélodies favorites . Mon père m'apprit à lire la musique et, rapidement, je dévorais toutes les partitions de sa collection de chansons populaires. Le dimanche, j'allais à la messe juste pour le regarder diriger la chorale de l'église et écouter avec émerveillement la musique. J'étais également fascinée par l'organiste qui accompagnait la chorale, Madeleine Lalonde. Ces premières impressions ont inspiré le cheminement de toute ma vie.

Lors d'une de ses visites, un ami de mon père, le vétérinaire Gilles Tétrault, mentionna que sa sœur était à la recherche de nouveaux élèves de piano. Elle revenait d'Europe, où elle avait fait des études musicales. Connaissant mon intérêt grandissant pour la musique, mes parents firent appel à ses services. La voix douce, les connaissances musicales et la personnalité de Claire Winthrop développèrent mon attachement et mon enthousiasme pour la musique. Quelques années plus tard, elle déménagea à Baie-Comeau mais, avant de partir, elle me recommanda un professeur.

Madeleine Bélanger, du Conservatoire de Musique de Montréal, représente une étape importante de ma formation musicale. Elle m'apporta la discipline au travail, une meilleure technique pianistique et m'ouvrit les yeux — et les oreilles — sur le monde en me faisant prendre des leçons privées avec Évelyne Crochet à New York. Elle me fit participer à plusieurs classes de maîtres. Elle me recommanda d'écouter beaucoup de musique sur disque. Nous assistions ensemble à des concerts et à plusieurs compétitions musicales. De plus, c'est elle qui m'encouragea à mettre mes premières compositions sur papier, qu'elle révisait et commentait. Je faisais des essais de toute sorte, inspirés des œuvres de mes compositeurs préférés. J'annotais méticuleusement mes partitions à la manière de Debussy. Devant mon enthousiasme grandissant pour l'écriture, elle me présenta à la compositrice Micheline Coulombe-Saint-Marcoux, laquelle lui suggéra de me faire participer à des ateliers de musique nouvelle et de m'initier à la musique contemporaine en me faisant travailler et analyser régulièrement des pièces de ce genre. Cette démarche, enrichissante du point de vue intellectuel, eut malheureusement pour effet de me désintéresser temporairement de la composition. Malgré mon attirance évidente pour l'écriture tonale, on m'expliqua que j'avais le talent nécessaire pour écrire de la musique «sérieuse» et que le genre romantique «populaire» fin XIXe siècle que j'affectionnais n'apportait rien de neuf à la musique d'aujourd'hui.

Désappointée de ne pouvoir m'exprimer selon mes préférences, et n'ayant pas la prétention d'avoir pour mission de changer le monde, je me remis au piano et terminai mon DEC en musique, en interprétation piano au Collège Marguerite-Bourgeois. Pendant cette période, je pris tout de même des cours d'harmonie et d'analyse avec beaucoup d'intérêt. Mon professeur d'histoire de la musique, le compositeur Antoine Padilla, m'initia aux lois du contrepoint et aux réalités du métier de créateur. Il me présenta au pianiste André Laplante, qui m'offrit de me donner des leçons chez lui, à New York.

Après avoir travaillé ensemble quelques mois, A. Laplante m'aida à préparer une audition pour entrer au Juilliard School, afin de poursuivre ma formation musicale. De plus, habitant à New York, je pourrais continuer à prendre des leçons de piano avec le célèbre pianiste sans avoir à parcourir un trajet de dix-sept heures d'autobus aller-retour chaque fois. Malgré la lettre d'acceptation de cette école réputée, le Conseil des Arts du Canada refusa de me donner une bourse d'études. Cependant, grâce à l'appui continu et généreux de mes parents et à l'aide des économies que j'avais faites en travaillant l'été, je réalisai ce projet et entamai cette nouvelle étape de ma vie avec beaucoup d'enthousiasme et d'innocence.

De l'enthousiasme à la désillusion

J'habitais angle 70e et Broadway, non loin de Juilliard, dans un appartement studio que je partageais avec mon piano à queue et un «roommate». À l'école, grâce à la recommandation d'A. Laplante, j'étais dans la classe de piano de Josef Raieff (plusieurs de ses élèves avaient remporté des prix à des compétitions internationales importantes). Un groupe d'élèves en maîtrise me prirent sous leurs ailes et nous devinmes bons amis.

Je me rendis rapidement à l'évidence: l'obtention d'un premier prix à une compétition de piano ne garantissait pas nécessairement l'avenir du gagnant. Malgré toutes leurs distinctions et leur talent, mes amis travaillaient comme barmans, chauffeurs de taxi et jouaient de la musique dans les clubs pour gagner leur vie. Je me mis à m'interroger sur mon propre avenir puisque, juste à Juilliard cette année-là, nous étions trois cents pianistes. Il était évident que nous ne pourrions pas tous jouer à la Place des Arts le même soir!

Un jour, un de mes amis, Gary Hammond, me demanda de lui rendre service et de le remplacer pour un engagement dans une réception. Il me prêta ses partitions et j'appris les «standards» nécessaires pour la soirée. À ce répertoire, j'ajoutai quelques pièces virtuoses connues et je méritai, en plus de mon cachet, un généreux pourboire, une fortune à mes yeux. Cette expérience me fit réfléchir un peu, mais mes préoccupations académiques revinrent au galop.

Bien que certains des élèves de J. Raieff étaient extraordinaires, sa réputation de pédagogue m'apparaissait un peu surfaite. Il semblait plus intéressé à venir à son studio pour manger ses biscuits «Fig Newtons» et boire un «scotch on the rocks» que de nous donner une leçon signifiante. De plus, la carrière d'A. Laplante était en pleine expansion et, à mon désarroi, il devait s'absenter de plus en plus souvent, espaçant ainsi les leçons. En général, j'étais un peu déçue de mon expérience. La vie à New York était excitante mais terriblement dispendieuse pour une étudiante. J'avais quelques bons amis, mais, à quelques exceptions près, il régnait entre les élèves un climat compétitif tel qu'il me semblait que Juilliard réussissait plus à fabriquer des machines à coudre qu'à former des artistes. Je savais qu'il devait y avoir quelque chose de mieux quelque part.

Une rencontre décisive

Ayant assisté, quelques années auparavant, à une classe de maître fascinante avec le professeur hongrois Gyorgy Sebök à Montréal, je décidai de faire une demande pour une session de cours avec lui au Banff Centre of Fine Arts, en Alberta. Ma demande acceptée, bénéficiant d'une bourse complète d'études, je profitai pleinement de mon séjour de trois semaines dans cet établissement, ce qui m'amena à modifier mes plans. Le panorama magnifique, l'ambiance sereine et l'esprit de camaraderie qui régnait entre les quinze participants contribuèrent à ce changement d'orientation, mais le facteur déterminant fut évidemment G. Sebök.

Gyorgy Sebök était très près de ses élèves, se mêlant même à nos tournois de «shuffleboard» après ses cours. Nous avions formé huit équipes de deux personnes, en tirant les noms au hasard. Le maître pigea le mien. Comme il aimait bien gagner, nous avions des sessions de planification de stratégie et des pratiques de précision technique! Pendant ces moments en sa compagnie, j'eus l'occasion de lui parler de mes désillusions, de mes inquiétudes et de lui demander conseil. Il m'offrit d'aller étudier avec lui à Bloomington, à l'Université d'Indiana, offre que je m'empressai d'accepter.

L'année qui suivit fut très intéressante et productive. J'appris beaucoup de répertoire et je bénéficiai des cours de G. Sebök et de son assistant japonais, Shigeo Neriki. Je retournai à Banff le printemps suivant pour une autre session intensive avec G. Sebök. Pendant ce séjour, ma mère eut de sérieux problèmes de santé et je pris la décision de rentrer au bercail. Sur la recommandation de G. Sebök, je continuai mes leçons de piano à Montréal avec une de ses anciennes élèves, Jacinthe Couture. C'est d'ailleurs avec elle que je terminai, l'année suivante, mon baccalauréat en interprétation piano à l'Université de Montréal.

De retour à Montréal

Juste après mon retour à Montréal, je remportai le premier prix de la catégorie classique du concours des «Étoiles du Maurier». (Grâce à ma bourse, je m'achetai un piano droit Baldwin et louai un appartement en ville avec ma sœur Christine, angle St-Denis et Ontario, au-dessus du café-concert «La Chaconne».) Fière de mon prix et voulant me faire connaître du public, j'entrepris des démarches afin de paraître à des émissions de télévision populaires: sans succès. Une recherchiste de l'émission de Michel Jasmin me donna éloquemment la raison de tous ces refus: «Des interprètes pianistes classiques, il y en a à la tonne. Si tu veux percer, il faudrait que tu offres quelque chose de différent, de spécial, comme tes propres compositions.» Ces commentaires ne sont pas tombés dans l'oreille d'une sourde!

Depuis mon retour, pour payer mes études et gagner ma vie, je donnais des cours de piano à Marieville chez mes parents le samedi, et je jouais du piano au restaurant *Les Étés* dans le Vieux-Montréal cinq soirs par semaine et le dimanche au moment du brunch. De mes emplois d'été précédents au bar *L'Arcane* à Longueuil, j'avais acquis un vaste répertoire de musique populaire francophone, des «standards», et des musiques de Broadway. Je combinais ces mélodies à des pièces classiques connues, ce qui était fort apprécié du public. Un soir, un agent, Steve Michaels, qui avait eu vent de mon «nouveau» style, vint me proposer un engagement au Centre Sheraton, sur le boulevard René-Lévesque. *La Croisette* était un endroit à la mode, où se côtoyaient les hommes d'affaires et les célébrités. Je n'avais aucune idée à quel point cet engagement allait marquer ma vie, puisque c'est là que j'ai rencontré l'homme qui devait devenir mon mari et éventuellement mon partenaire en affaires, Don MacLean.

Comme dans un conte de fée...

À la même époque, étant modèle à l'occasion, j'avais décroché, par l'entremise d'un ami photographe, Yvan Dumouchel, un contrat de la compagnie française de produits de beauté *Pierre Anton*, pour être leur «visage» et leur porte-parole. Le président de la division québécoise, Rémy Gagnon, croyant fermement en mon talent de pianiste, décida de prendre ma carrière en main et de me trouver un gérant. Voyant grand, il prit rendez-vous avec René Angelil. Intrigué, ce dernier nous rencontra après un spectacle de la chanteuse Céline Dion, à Laval. Rémy Gagnon lui présenta mes photos et R. Angelil me demanda si je composais. Il me promit de venir m'entendre à *La Croisette* la semaine suivante, ce qu'il fit. Après ma performance, je lui remis une cassette-démo de quelques-unes de mes compositions. Quelques jours plus tard, il m'offrait un contrat de disques.

De prime abord, tout ce qui venait d'arriver tenait du conte de fée. Le gérant le plus populaire en ville me confiait qu'il avait toujours voulu travailler avec un artiste-instrumentiste et que je correspondais exactement à ce qu'il recherchait. Tout en aimant beaucoup ce genre de musique, René Angelil m'avoua avoir plus de connaissances dans la chanson populaire que dans ce domaine. Pour assurer le succès de ce nouveau projet, il alla donc chercher l'expertise du célèbre parolier français Eddy Marnay, qui devint le directeur artistique, et de sa compagne, Suzanne Mia Dumont, relationniste chevronnée.

N'ayant jamais eu d'expérience contractuelle de ce genre, je signai le contrat de disques avec la compagnie de R. Angelil tel que présenté, malgré certaines réserves de ma part et de mon père qui m'avait accompagnée pour cette négociation. Je n'avais pas à investir un sou et, naturellement, je n'avais pas de contrôle sur l'exploitation du produit. De plus, je ne touchais mes redevances qu'après avoir vendu vingt mille unités et il contrôlait une bonne partie des éditions. Malgré tout, je me suis dit que c'était une bonne opportunité de me faire connaître et comme le disait R. Angelil, en bon négociateur: «c'est à prendre ou à laisser». Néanmoins, R. Angelil accepta, en annexe à ce contrat, de me laisser le droit d'investir dans mes enregistrements subséquents et de renégocier mes redevances, selon le succès obtenu avec le premier album. Je me suis dit que je n'avais probablement rien à perdre.

Cette étape aride étant passée, R. Angelil me demanda de préparer un enregistrement-démo de qualité pour qu'il puisse faire une demande de subvention au Ministère des affaires culturelles du Québec. Avec l'aide de Michel Borduas, ingénieur du son à Radio-Canada et de Myrtha Boily, une amie flûtiste, je présentai trois pièces. Quelques mois plus tard, R. Angelil m'annonçait que sa compagnie avait obtenu une subvention de vingt mille dollars pour aider à la production de mon album. J'avais vraiment hâte de me mettre à l'ouvrage, mais tout me semblait prendre un temps énorme.

Entre-temps, je rencontrais périodiquement Eddy Marnay et Suzanne Mia Dumont pour discuter du projet, du choix des pièces et du «son» qui serait donné à l'ensemble. Il me paraissait évident qu'ils prenaient à cœur ce projet et qu'ils ne lésineraient pas sur la qualité de la production. Ils semblaient satisfaits de mon apparence physique mais la prononciation de mon nom semblait être une source de problèmes pour le marketing éventuel dans certains pays. Ils me suggérèrent quelques «nouveaux» noms, tel que Florence Gray, mais en dépit des avantages possibles d'un tel changement, je ne pus m'y résoudre, un artiste comme Englebert Humperdink avait bien conservé le sien...Et j'avais d'autres sujets de préoccupation. Les rencontres avec René Angelil se faisaient de plus en plus sporadiques, pour S. M. Dumont, E. Marnay comme pour moi, et je commençais à me demander si j'allais un jour enregistrer mon album.

Montréal Concerto

Éventuellement, un an après la signature du contrat de disque initial, E. Marnay et S. M. Dumont m'annoncèrent que des dates avaient été fixées pour réserver un studio. Les sessions commencèrent au printemps 1986 au studio St-Charles à Longueuil. Ian Terry était en charge de la prise de son. L'arrangeur français Bruno Fontaine, qui était l'accompagnateur de la chanteuse d'opéra Julia Migueles-Johnson, signait les orchestrations. Son style d'écriture complétait bien le mien, ayant une bonne compréhension de la phrase, de la structure et du style romantique de ma musique. Il avait d'ailleurs écrit une pièce pour l'album, intitulée *Un monde heureux*. La pièce-titre de l'album, *Montréal Concerto* (originalement *Passions sans paroles*), fut rebaptisée par Eddy Marnay le jour de son enregistrement, après l'annonce de la démission du maire Jean Drapeau. En plus des quatre autres compositions qu'il avait sélectionnées,

E. Marnay eut recours à ses amis André Popp, pour *Chanson pour Anna,* et Hubert Giraud (qui avait écrit *Mamy Blue*) pour *Un jardin sur la mer.* J'étais accompagnée par les musiciens de l'Orchestre Métropolitain, sous la direction de B. Fontaine. Les pistes de batterie, de basse, de guitare électrique et de voix seraient enregistrées plus tard, à Paris. Une fois l'enregistrement à Longueuil terminé, une proposition de contrat de gérance, englobant la production de disques, les éditions et toutes mes activités artistiques, me fut soumise par mon trio. Une fois de plus, c'était à prendre ou à laisser. Un mois après la signature de ce contrat de gérance de trois ans, je signais mon contrat de mariage.

Après avoir écouté les bandes, Eddy Marnay décida de réenregistrer les pistes de piano, étant désappointé par la sonorité du Yamaha utilisé à Longueuil. De nouvelles sessions furent organisées, cette fois à Paris, au studio Gang, sur un piano Pleyel. Après ces sessions, un an et demi s'écoula avant la sortie officielle de l'album, le 1er mars 1988.

Entre-temps, j'avais dû vendre mon petit Baldwin parce que le voisin de l'étage inférieur «méditait» pendant la journée. Mon travail au piano le dérangeait à un point tel qu'il alla jusqu'à me menacer de tirer sur moi avec son fusil à travers le plancher... Heureusement, mon mari, fasciné par tout ce qui avait rapport aux avancements technologiques et à leurs applications, avait lu un article sur les nouveaux claviers électroniques à touches sensibles, lesquels permettaient enfin aux musiciens de faire des nuances, tout comme sur un instrument acoustique. Après une démonstration convaincante, j'achetai un Clavinova CLP-50 de Yamaha. En plus de me permettre de travailler avec des écouteurs, cet instrument transportable était le premier élément de mon futur atelier de travail MIDI. Quelques mois plus tard, nous achetions un ordinateur MacPlus de Apple et quelques programmes, dont *Performer*, pour «séquencer» des performances MIDI, et *Composer*, pour la gravure musicale. Je n'avais aucune expérience en informatique mais je savais qu'il était essentiel que j'acquière de bonnes connaissances en la matière si je voulais travailler en studio. J'avais observé les nouvelles possibilités que cette technologie offrait à Bruno Fontaine et à Ian Terry pendant les sessions de *Montréal Concerto.*

Mon séjour dans la ville-reine

Au printemps 1987, mon mari ayant de nouveau été muté pour son travail, nous avons déménagé à Toronto, dans une petite maison victorienne, au centre-ville de la ville-reine. L'automne précédent, à la suite d'une rencontre avec un confrère de travail de mon mari, Frank Fournier, qui connaissait le président de l'hôtel Sutton Place à Toronto, Hans Gerhart, j'avais été présentée à Attila Glatz, un agent, et j'avais ainsi commencé à jouer dans les grands hôtels de cette ville. Je travaillais six soirs par semaine et le dimanche au moment du brunch. C'était exigeant mais je disposais de toute la journée pour travailler mon piano et écrire.

Avant même la sortie de *Montréal Concerto,* j'avais déjà plusieurs idées en tête pour l'album suivant, inspirée par mon expérience en studio et mes nouveaux «outils» technologiques. Je voulais continuer à explorer le style semi-classique, en essayant d'y apporter une touche personnelle. Mon but était et demeure essentiellement d'écrire de la musique accessible, de la «développer» intelligemment et avec imagination, sans sombrer dans la facilité simplette qu'on rencontre souvent dans les compositions de ce genre.

Lorsque je travaille une idée, j'ai toujours à l'esprit que j'aurai à jouer cette pièce plusieurs fois en concert, et souvent sans accompagnement. Elle doit donc avoir les qualités suffisantes, pianistiquement et musicalement, pour que je ne m'en lasse pas. De plus, l'image musicale doit être claire et forte d'émotions, car, comme dans un film, l'important est de captiver l'auditeur jusqu'à la fin. En général, j'écris des pièces de trois à cinq minutes, ayant en tête le fait que je dois pouvoir promouvoir ma musique à la radio et à la télévision et me disant, qu'un jour, quand j'aurai l'expérience nécessaire, j'aurai le loisir d'élaborer un peu plus.

Quelques mois avant la sortie de *Montréal Concerto*, S. M. Dumont et E. Marnay m'avisèrent que R. Angelil avait des problèmes à trouver un distributeur qui répondait à ses attentes. Je savais que Distribution Sélect, une division de Archambault Musique, démontrait un intérêt certain. J'avais rencontré la directrice, Lise Richard, à une démonstration de pianos Yamaha et elle m'avait annoncé qu'une entente était imminente. Pour des raisons qui me sont plus évidentes aujourd'hui qu'à l'époque, rien ne se concrétisa. La date de sortie du disque fut de nouveau reportée. Éventuellement, une entente de licence allait être prise avec Jim West, président de la compagnie de disques *Justin Time*, et l'album serait distribué au Canada par sa filiale Distribution Fusion III.

Le lancement de l'album fut digne de celui d'une étoile, démontrant bien ainsi les talents de Suzanne Mia Dumont, qui avait organisé le tout de main de maître. Après le lancement se succédèrent les apparitions télévisées, les émissions de radio et les entrevues pour les journaux et les magazines. Malgré l'absence marquée de R. Angelil, le rythme excitant de ces activités renouvela ma confiance dans le projet. Hélas, quelques semaines après, S. M. Dumont et E. Marnay me convoquaient pour m'annoncer que R. Angelil se retirait du projet parce que, avec raison, Mme Céline Dion n'acceptait pas qu'il s'occupe d'une autre artiste qu'elle. Pour «compenser», R. Angelil cédait la totalité de ses intérêts dans cette affaire à ses partenaires pour la somme d'un dollar. Sa participation s'arrêta là.

S. M. Dumont et E. Marnay me promirent qu'ils n'allaient pas «lâcher» et que, malgré leur inexpérience en gestion de carrière, ils feraient de leur mieux pour continuer le travail entrepris. L'album commençait à faire sa marque, recevant deux nominations à l'ADISQ, une dans la catégorie «meilleur premier album» et l'autre dans la catégorie «meilleur album instrumental». L'album était offert uniquement sous forme de cassette et de disque vinyle. En réponse à une demande grandissante de l'album sous forme de disque compact, nous avons procédé à l'enregistrement de trois pièces supplémentaires afin de pouvoir mettre en marché un produit d'une durée suffisante. Le 2 janvier 1989, j'entrai en studio avec E. Marnay et, en une journée, j'enregistrai sur le «Synclavier» de Daniel Barbe deux nouvelles compositions, *Molly Melody* et *Galactica*, ainsi qu'une pièce d'Alain Noreau, *Goélettes Goélands*. Peu de temps après, je fus choisie par le réseau de télécommunications québécois COGECO comme «meilleure jeune artiste à promouvoir». Cette distinction était accompagnée d'une importante promotion radiophonique et télévisée à l'échelle provinciale.

Pour des raisons personnelles, S. M. Dumont et E. Marnay partageaient leur temps entre Paris et Montréal . Ils durent très tôt se rendre à l'évidence: la gestion de ma carrière nécessitait une attention constante. C'est alors qu'ils me présentèrent à Pierre Gibeault et Tony Ng, qui étaient, à l'époque, les gérants du chanteur populaire, Mario Pelchat. S. M. Dumont et E. Marnay voulaient confier à ces derniers une partie de leur travail, ou même leur vendre le contrat qui les liait à moi. J'ai essayé durant quelques mois de travailler avec eux mais sans résultats satisfaisants: je n'étais guère impressionnée par leur vision des choses. De plus, leur manque de connaissances musicales était quelque peu embarrassant. Un jour, ils m'annoncèrent qu'un réalisateur de radio à Radio-Canada les avait contactés pour savoir si je serais intéressée à jouer le deuxième mouvement du deuxième concerto pour piano de «Strogonoff» (Rachmaninov!) en concert. Je n'ai évidemment pas décroché ce contrat. Dumont et Marnay n'avait toujours pas trouvé de solution à leur problème.

Entre-temps, mon mari et moi avions pris discrètement une décision importante: Don joindrait ma petite compagnie, MAD-MAC Entreprises Inc., fondée en 1987, en qualité de gérant d'affaires et quitterait son emploi à la fin de l'année. De plus, nous avions décidé de revenir au Québec, base logique pour le développement de ma carrière, le tout nécessitant la vente de notre maison à Toronto.

La convention de départ qui me liait à mes gérants tirant à sa fin, j'estimais qu'il était nécessaire d'en renégocier certains termes pour mieux refléter la réalité de l'expérience que je vivais. Je voulais avoir mon mot à dire dans la direction de ma carrière. Je voulais être impliquée et être au courant de tout ce qui avait rapport à mes activités, autant du point de vue artistique que financier. Certains points de cette initiative furent mal reçus et la convention prit fin.

À Toronto, les engagements d'hôtels d'Attila Glatz se multipliaient et il s'intéressait de plus en plus à la production de concerts de grande envergure pour promouvoir ma musique. Plus tôt cette année-là, il s'était également occupé d'organiser avec S. M. Dumont le lancement de *Montréal Concerto* pour le marché anglophone. À Montréal, Nathalie Potvin, que j'avais croisée à maintes reprises à Juilliard alors qu'elle étudiait le violon, commençait à établir une petite agence, Artmani. En plus d'avoir d'excellentes connaissances musicales, elle me décrochait des engagements intéressants et semblait avoir les relations et l'entregent nécessaires pour faire sa marque dans l'industrie. Quelques mois après l'expiration de mon contrat, je luis proposai de devenir ma gérante. Elle décida de prendre le temps d'y penser. De notre côté, Don et moi avions trouvé une maison au Québec et entreprenions la vente de notre maison à Toronto.

Pendant cette période de réorganisation, il m'a semblé important de reprendre le contrôle de *Montréal Concerto* pour en assurer l'exploitation. Don et moi entamions de nouveaux pourparlers avec S. M. Dumont, lui offrant la moitié de ce qu'elle avait investi dans cet album, à la condition qu'elle et E. Marnay participent moitié-moitié avec nous à la production et à la promotion de deux albums subséquents. S.M. Dumont vint nous rencontrer à Toronto et une entente fut mise sur papier. Elle retourna à Montréal et nous envoya une copie signée de cette nouvelle convention, suivie, peu de temps après, d'un coup de téléphone. Cette conversation nous confirma que l'entente ne fonctionnerait pas.

Pendant les mois qui suivirent, je continuai à jouer du piano, en concert et dans les hôtels, et à écrire des pièces pour mon prochain album. Don apprenait les ficelles de son nouveau métier en lisant de nombreux ouvrages sur le sujet, de la gérance d'artiste à la production de disques (voir bibliographie). De plus, son expérience dans le domaine corporatif lui permit de réorganiser notre petite compagnie, et ses talents en programmation informatique servirent à créer les outils d'administration et de planification nécessaires à son développement présent et futur. Nous avions établi une entente de principe avec N. Potvin, qui avait finalement accepté d'assumer la gestion de ma carrière. Au printemps 1990, après quelques délais, nous commencions à lui payer ses premières provisions en tant que gérante, démontrant notre confiance en ses capacités de redonner de l'énergie au développement de ma carrière. Étrangement, deux mois plus tard plus quelques milliers de dollars, elle fermait boutique.

Démêlés avec la Fédération et la Guilde

Au cours de l'année qui suivit, le marché immobilier de Toronto chuta dramatiquement, retardant la vente de notre maison, mais je continuai toujours à travailler sans répit dans les hôtels. Au printemps 1991, ayant eu quelques soupçons au sujet de ses pratiques d'affaires, je me rendis compte que mon agent, Attila Glatz, produisait des contrats en mon nom avec des annexes secrètes. Par le biais d'informations obtenues de deux de mes clients corporatifs, il devint évident que A. Glatz se garnissait les poches en demandant aux clients et à moi, des commissions atteignant plus de cinquante pour cent de mes cachets! Il contrevenait ainsi à sa convention d'agent, laquelle lui permettait une commission maximum de vingt pour cent. Après l'avoir confronté sans succès à ce sujet, je décidai de présenter mon cas au conseil du *Toronto Musician's Association*, accompagnée de mon avocate et de mon mari. Cette première exposition publique de ce problème marqua le début d'une étrange aventure qui allait durer deux ans. Au travail, je fus victime de chantage et de harassement de la part des «supporteurs» de mon agent. Heureusement, Don et moi avions finalement trouvé un acheteur pour notre maison et le déménagement à Montréal coïncida avec la fin de mon dernier engagement à Toronto.

N'ayant pas l'appui du *Toronto Musician's Association*, je décidai de soumettre mon cas, qui se compliquait de plus en plus, au bureau canadien de la Fédération Américaine des Musiciens. Malgré le fait que je pouvais démontrer preuve en main ce que j'avançais, de victime que j'étais, je fus bientôt considérée comme criminelle. La Fédération, dans une attaque maladroite, me menaça d'expulsion. À mon retour à Montréal, je soumis mon cas à la Guilde des Musiciens du Québec. Au départ, la Guilde sembla appuyer ma cause, mais, dans un développement inattendu, me tourna le dos. J'étais devenue un pion à faire taire dans un jeu de politiques entre la Guilde et la Fédération, et la Guilde décida d'imposer l'ordre d'expulsion de la Fédération. Sachant très bien que j'étais devenue la victime de représailles d'une puissante association d'agents de musiciens et de leur structure de vieilles relations *(old boys network)* au sein de l'Union des musiciens, je décidai de jauger, une fois pour toutes, les pouvoirs de la Guilde sur la vie du simple musicien. Étant donné qu'elle ne respectait pas ses propres règlements et qu'elle me punissait injustement pour des offenses commises par d'autres parties, j'amenai la Guilde à comparaître devant le tribunal de la «commission de reconnaissance des associations d'artistes», la forçant ainsi à courir le risque de perdre son accréditation en tant qu'union, autorité primordiale lui permettant de s'engager dans des négociations au nom de ses membres. En raison de la faiblesse de la position de la Guilde et de la démonstration probante d'abus de pouvoir à mon égard, j'obtins rapidement gain de cause; la Guilde réévalua ses positions, me réintègra et officialisa la résolution de ce problème à tous les niveaux de l'organisation.

Cette expérience m'a fait réaliser que la Guilde et la Fédération n'avaient pas de pouvoirs réels et qu'elles ne pourraient plus me menacer dans ma carrière pour quelque raison que ce soit, pour autant que je paie régulièrement ma cotisation annuelle. Cela me réconforte de savoir que ces organismes doivent répondre à une autorité supérieure. Le pouvoir et l'autorité de telles organisations devraient toujours reposer sur de solides fondations. Pour être prêt à toute éventualité, malgré l'ennui de ces lectures, je crois qu'il est important de consacrer le temps nécessaire pour prendre connaissance de tous les règlements des organisations auxquelles on se joint, tout comme on le ferait avant de signer un important document ou un contrat.

Avec le recul, j'ai appris beaucoup de ma relation d'affaires avec R. Angelil, E. Marnay et S. M. Dumont. Lancer la musique d'un artiste inconnu, c'est un peu comme se lancer à la conquête de l'espace. Il est donc extrêmement important d'avoir en tête un plan de promotion et de marketing. Le succès d'une carrière n'arrive pas par «magie», mais bien grâce à une bonne éducation de base, suivie d'un travail de création de qualité, discipliné et constant, combiné à une persévérance et un optimisme à toute épreuve. À mon avis, la chance y est pour bien peu.

R. Angelil avait su s'entourer de gens de talent. Quand il laissa le projet, je me suis rendu compte à quel point il me serait difficile de trouver quelqu'un qui aurait la vision, le talent et l'endurance nécessaires pour diriger ce projet de longue haleine et le mener à bon port. Il y a très peu de vrais gérants de carrière et beaucoup d'agents de toute sorte. De plus, j'ai bien compris que tous ces gens espèrent gagner leur vie grâce à moi et à mon talent, et ce, le plus rapidement possible. Peu importe leur sincérité, il est important de s'impliquer et d'être au courant de ce qui se passe autour de soi en tout temps. La négligence de cette responsabilité met en danger, à long terme, la réussite de sa carrière.

Forte de toutes ces expériences, j'étais prête à aborder un nouveau chapitre de ma vie, en décidant de participer activement à la gérance de ma carrière avec l'aide de mon mari.

Gérer sa propre carrière

Après la départ de Nathalie Potvin, Don commença déjà d'assurer la relève. Nous étions convaincus que mes concerts s'avéraient le meilleur moyen de faire connaître ma musique et de toucher directement le public amateur de ce genre. De cette façon, nous arriverions éventuellement à rejoindre la masse et à créer une niche intéressante pour mes compositions dans le domaine de la musique instrumentale. Il était donc primordial d'élargir notre territoire d'activités au niveau national.

En 1990, Don me représenta au *Alberta Showcase*, une conférence provinciale de diffuseurs de spectacles. M'y étant mérité une performance, c'était ma première participation à un tel événement. Cette expérience s'avéra importante pour l'orientation du développement de ma carrière. Ces rencontres provinciales, nationales et internationales offrent une source de contacts précieux. Une fois établies, il est important de cultiver ces relations, et d'investir le temps et l'argent nécessaires pour faire un suivi approprié. Nous avons constaté que les diffuseurs veulent s'assurer de la persévérance et de la longévité d'un artiste avant de l'engager. Depuis nos premières armes, chaque année, nous choisissons stratégiquement les événements auxquels nous participerons et nous essayons également d'explorer au moins un nouveau territoire. La participation à ces conférences, qui entraîne habituellement des dépenses importantes, est un investissement à moyen et à long terme.

À notre retour officiel au Québec, j'acquis deux outils importants pour le développement de ma carrière: un télécopieur et un piano à queue! Le télécopieur, qui sert également de copieur et de «scanner», était devenu essentiel aux activités de ma corporation. Le piano, un Yamaha MIDI, me permettait enfin de travailler sur un excellent instrument acoustique, en plus d'avoir la capacité d'envoyer des informations MIDI à mon ordinateur. De son côté, Don continuait à perfectionner les outils informatiques qu'il avait créés. Nous fîmes une sérieuse rénovation de notre maison et deux ans s'écoulèrent avant le début de la pré-production de mon deuxième album.

Ayant amassé plusieurs compositions, je commençai à travailler sur une maquette sonore incluant toutes les pièces que j'avais écrites. Cette démarche stimulante me porta également à écrire quelques nouvelles pièces. Plusieurs difficultés eurent à être surmontées au début du projet autant du point de vue financier qu'artistique, sans compter l'inconstance de nouveaux partenaires potentiels. Une fois de plus, nous avons constaté qu'un contrat bien rédigé définit de bons associés et élimine d'avance la plupart des problèmes.

À l'automne 1993, je rencontrai Lise Richard, chez Distribution Sélect. Après lui avoir expliqué mon projet, sans même écouter ma maquette, elle m'offrit un contrat de distribution en tant que producteur de disques. Elle croyait beaucoup en moi et en ma musique, et notre philosophie concernant le travail était la même. C'est au début de sa carrière qu'un artiste a le plus besoin d'être épaulé. Elle me garantissait son appui personnel dans mon projet. J'étais heureuse et un peu abasourdie de la facilité avec laquelle le tout se passait, étant donné mes expériences passées.

Ce nouvel album étant notre première expérience de production, L. Richard devint une de nos principales sources d'information et de conseils. Je me suis rendu compte qu'il est impératif de ne pas hésiter à poser des questions, car ce sont souvent celles qui n'ont pas eu de réponse qui causent des problèmes. De plus, nous avons pris la décision de nous impliquer dans tous les détails de la production pour en contrôler la qualité et d'investir dans des outils informatiques nous permettant de répéter cette expérience aisément, indépendamment et économiquement. Cette attention aux détails nous amena à rencontrer plusieurs personnes, à évaluer plusieurs sources de matériel et de services, et littéralement à visiter des ateliers de production de disques lasers, de cassettes, d'imprimerie et de reproduction photographique.

Entre-temps, nous avions choisi les quatorze pièces de l'album. Pour préparer et enregistrer les bandes maîtresses, j'ai utilisé un piano Disclavier de Yamaha, un instrument acoustique extraordinaire, permettant d'envoyer et de recevoir fidèlement des informations MIDI de mon ordinateur. Cette technologie fascinante me permit de travailler et de finaliser mes performances à la maison, évitant les coûts onéreux de longues sessions en studio. Cette étape franchie, mon arrangeur, Simon Leclerc, se mettait à l'œuvre. Voulant maintenir la même qualité que celle du premier album, la décision fut prise de limiter l'utilisation de synthétiseurs au minimum et d'employer de «vrais» musiciens, en vue d'assurer la longévité de cet enregistrement ainsi qu'une meilleure qualité et une chaleur sonore supérieure. S. Leclerc, en plus de son grand talent musical, s'avéra être également un excellent coordonnateur. Sous sa recommandation, François Arbour assuma la prise de son. Les sessions au studio Tempo furent sérieuses et productives et, bientôt, l'enregistrement et le mixage furent terminés.

En février 1994, *Tandem*, mon second album, était lancé et L. Richard nous annonçait qu'elle quittait Distribution Sélect. Nous avions investi des sommes importantes dans le lancement et la promotion initiale de l'album. Ces investissements n'eurent pas tous les résultats désirés, la responsabilité de la promotion ayant été confiée à une firme extérieure. Avec le recul, je me rends compte que nos attentes ne correspondaient pas à ce que notre budget promotionnel et notre niveau de développement nous permettaient. Rapidement, nous avons réalisé que nous devions prendre en charge la promotion de notre produit avec le maximum d'efficacité. Nous devions être en mesure de pouvoir tout faire nous-mêmes pour réussir.

Réunissant nos personnalités et nos talents respectifs, Don et moi avons commencé par développer nos propres capacités promotionnelles, en établissant une routine de travail encore plus disciplinée et en explorant de nouveaux contacts avec les médias et l'industrie du disque. Il devint évident qu'on n'est jamais mieux servi que par soi-même. Éventuellement, nous avons pu investir dans nos propres promotions radiophoniques et télévisées, ainsi que dans des promotions «in-store», donnant des performances de ma musique dans les magasins de disques. À notre grande satisfaction, notre travail acharné fut remarqué et récompensé par une nomination pour un Félix au gala de l'ADISQ dans la catégorie «album de l'année - instrumental» en 1994. En 1995, je recevais également une nomination pour un JUNO dans la catégorie «artiste instrumental de l'année».

À mon avis, l'art ne consiste pas seulement à écrire de la musique mais à trouver le moyen de la rendre accessible au public. Cette notion a été essentielle à ma «subsistance». Au cours de ma carrière, je me suis rendu compte que le public s'intéresse à mes compositions non seulement pour leurs qualités, mais également pour ce qu'elles projettent de moi-même. Dans mon cas, il est donc important que je complète ma création en y ajoutant des activités qui créent et entretiennent dans le public le désir de m'entendre. Pour garantir un excellent niveau pianistique à mes performances, je continue à travailler régulièrement avec le pianiste de réputation internationale, Henri Brassard.

Pour conclure...

Ce récit résume mon expérience personnelle. Chaque artiste a un cheminement différent. Ce qui me paraît particulièrement important, c'est d'apprendre à reconnaître ses capacités et ses limites personnelles, de les accepter et de développer des talents en lien avec l'industrie musicale et ses nouvelles exigences. Il est également essentiel de ne pas s'illusionner sur les éventuels résultats, puisqu'il est impossible de prévoir l'avenir avec certitude. Seule chose certaine: une carrière musicale d'interprète et de compositeur demande beaucoup de travail, d'imagination, d'ingénuité et une patience sans borne. Enfin, dans cette aventure, il faut bien choisir ses compagnons de route, pour éviter les mauvaises surprises et les grincements de dents.

Comme tout chef d'entreprise s'efforce de le faire, l'artiste d'aujourd'hui doit apprendre à planifier et à prendre les bonnes décisions au bon moment. De plus, il doit savoir quelles sont ses compétences en communication, en diplomatie et en négociation, et les développer, puisque ces connaissances constitueront un atout important à tous les moments de sa vie. Mais dans sa poursuite de l'excellence, il doit organiser sa vie de manière à ne jamais perdre de vue l'essentiel, qui est de croire en ce qu'il fait et d'avoir beaucoup de plaisir à le faire.

Bibliographie

Andrew CHARRON & Richard ALLEN, *Music directory Canada*, Toronto, CM Books.

Mona COXSON, *Some straight talk about the music business*, Toronto, CM Books.

Xavier M. FRASCOGNA, Jr. & H. Lee HETHERINGTON, *Successful artist management*, New York, Billboard.

Mark HALLORAN, Esq., *The musician's business & legal guide*, Englewood Cliffs, NJ, Prentice-Hall Inc.

Diane Sward RAPAPORT, *How to make & sell your own recording*, Englewood Cliffs, NJ, Prentice-Hall Inc.

Sidney SHEMEL & M. William KRASILOVSKY, *This business of music*, New York, Billboard.

Sidney SHEMEL & M. William KRASILOVSKY, *More about this business of music*, New York, Billboard

Petit lexique

Musique tonale

Dans l'histoire de la composition musicale, le système tonal est né avec le style baroque, à la toute fin du XVIe siècle. D'abord développé de façon empirique dans la pratique musicale, des théoriciens l'ont ensuite peu à peu explicité, codifié. Lorsque Jean-Philippe Rameau publie son *Traité de l'harmonie réduite à ses principes naturels* à Paris en 1722, le système tonal était déjà parvenu à maturité. Évidemment, tous les compositeurs baroques l'ont utilisé, de Claudio Monteverdi (1567-1643) à Jean-Sébastien Bach (1685-1750), mais les époques de création musicale subséquentes (classicisme, romantisme) lui ont donné de nouveaux visages... Du jazz à la musique minimaliste de Philip Glass et de Steve Reich, le système tonal a poursuivi ses étonnantes métamorphoses tout au long du XXe siècle et semble tout-à-fait bien positionné pour aborder les années 2 000.

Grosso modo, le système tonal est basé sur des séries de sons appellées «gammes» ou «tonalités», dans lesquelles existe une hiérarchie entre les sons. Dans une pièce de musique tonale, un son donné est désigné comme le centre de gravité autour duquel tourneront tous les autres sons, un peu comme les planètes qui tournent autour du soleil. D'ailleurs, le système tonal a été élaboré au moment même où, en physique, Isaac Newton menait ses recherches sur la force de la gravité*. Ce son central est appelé «tonique». En musique tonale, tout tend à revenir vers la tonique. Plus la mélodie, plus les harmonies s'éloigneront de cette tonique, plus grande sera la tension musicale générée; cette tension ne trouvera sa résolution que lorsque

* Ce fait, et d'autres aussi, a d'ailleurs amené des penseurs — comme Ernest Ansermet qui est mentionné dans le texte de Denis Bédard — à affirmer que le système tonal possède de solides fondements scientifiques et naturels susceptibles d'assurer sa pérennité.

la tonique sera de nouveau affirmée. Le mécanisme de la musique tonale en est donc un de tensions et de détentes, d'élans et de repos.

Musique modale et musique tonale

La musique tonale est le développement systématique d'un cas particulier de musique modale (la musique modale étant d'invention beaucoup plus ancienne). Les musiques modales sont toutes basées sur des «gammes» dans lesquelles les sons sont hiérarchisés entre eux à partir d'un son central prédominant. Habituellement, les musiques modales ont tendance à mettre l'emphase sur la dimension mélodique (elles ne sont souvent d'ailleurs pas accompagnées) et sur le raffinement rythmique. Le chant grégorien, les ragas de la musique classique de l'Inde (popularisés par Ravi Shankar), les chansons authentiques de folklore sont autant d'exemples de musiques modales... Dans ce vaste univers musical, la musique tonale s'est développée de façon très particulière en mettant plutôt l'emphase sur l'harmonie et le contrepoint (l'art d'agencer des voix chantant simultanément des choses différentes). Néanmoins, proches parents sur des points essentiels, le modal et le tonal ont souvent été hybridés à l'intérieur d'œuvres musicales, avec des bonheurs divers, il est vrai: harmonisations de folklores pour chorales, nombreuses séries de Variations sur des thèmes grégoriens destinées à l'orgue, etc.

Musique atonale

De son côté, la musique atonale rejette l'idée d'un son central autour duquel gravitent les autres sons. Pour le profane, la musique atonale semble dépourvue de mélodies, du moins de mélodies mémorisables; ses harmonies semblent «fuyantes» ou dissonantes; ses rythmes et son déroulement, irréguliers, imprévisibles, voire aléatoires. À son écoute, plusieurs auditeurs éprouvent un sentiment d'absence de direction... Par ses caractéristiques mêmes, la musique atonale a souvent tendance à intégrer les recherches sonores les plus inouïes, les plus radicales, la rendant encore plus «dérangeante»: fascinante pour les uns, rébarbative ou incompréhensible pour les autres. Elle est le laboratoire par excellence des explorations et des remises en question.

Selon les techniques de compositions utilisées, on parlera plus spécifiquement de musique dodécaphonique, de musique sérielle ou post-sérielle, de bruitisme, etc.: il existe une certaine variété au sein de l'univers atonal dont il n'est pas nécessaire ici de saisir toutes les nuances. Cependant, la personne curieuse de se confronter à ce monde sonore pourra écouter des œuvres de compositeurs «classiques» tels Anton Webern, Edgard Varèse, Pierre Boulez, Iannis Xénakis...; ou encore celles de Québécois qui se sont illustrés dans ce domaine, notamment Serge Garant ou Gilles Tremblay...

Née au tout début du XXe siècle, la musique atonale aurait dû, au dire de certains, s'imposer rapidement comme LA musique de l'avenir, ou plutôt comme celle reflétant au mieux l'esprit de ce siècle neuf. Malgré l'appui des institutions (conservatoires, universités) et des organismes de financement public des arts, la musique atonale reste toutefois encore, à l'aube du troisième millénaire, le fait d'une certaine «élite» musicale*... Au moment où la musique tonale réinvente constamment de nouvelles manières d'être mais où, aussi, elle est commercialisée à outrance (pop, rock, Nouvel Âge, «jingles publicitaires», etc.), la musique atonale, par la «radicalité» de sa démarche, fait figure de «refuge artistique» auprès de gens exaspérés, non sans raison, par la saturation sonore de nos sociétés et par les détournements mercantiles d'idéaux artistiques. Mais, en vérité, la musique atonale est-elle oasis ou mirage?

A.O.

* Pour certains, cet insuccès ne fait que confirmer la valeur quasi absolue, la solidité des fondements des musiques tonale et modale. Rompre délibérément avec des forces à l'image de celles qui gèrent jusqu'au mouvement des astres serait s'abstraire de la vie, du cosmos, et donc s'exposer à l'incommunicabilité, à l'hermétisme... Quoi qu'il en soit, on devine les débats que ces considérations peuvent provoquer entre compositeurs.

Discographie

Oeuvres des Mélodistes offertes sur disques compacts

Denis BÉDARD: «Fantaisie pour saxophone soprano et piano».
Jean-Yves Fourmeau, saxophone; Hiroshi Nagao, piano.
Titre du disque: «Sérénade» (incluant des œuvres de Paul Creston, Claude Pascal, Marius Constant, Roger Boutry et Pierre Sancan).
Étiquette René Gailly (Belgique), CD-87 126.

Denis BÉDARD: «Missa Brevis».
Les Chanteurs de Saint-Cœur-de-Marie.
Titre du disque: «Polyphonie sacrée de la Renaissance à nos jours».
ALPEC A 93004-DC.

Denis BÉDARD: «Oeuvres pour orgue».
(Adagio; Triptyque; Suite du premier ton; Suite; Fantaisie; Rhapsodie sur le nom de LAVOIE; Andantino; Variations sur «Nous chanterons pour Toi, Seigneur»).
Denis Bédard aux orgues de la basilique Notre-Dame de Québec.
ATMA (parution prévue pour le début 1997).

Denis BÉDARD: «Sinfonietta pour orgue à quatre mains».
Sylvie Poirier et Philippe Crozier, organistes (incluant des œuvres de Jean Langlais, Francis Jackson, Josef Labor, John Rutter et Ralf Bölting).
REM 311291.

Denis Bédard: «Sonate pour trompette et orgue», «Variations sur le choral "Freu' dich sehr, o meine Seele"» (pour orgue solo).
Louis Larouche, trompette; Sylvain Doyon aux orgues de l'église Saint-Jean-Baptiste de Québec.
Titre du disque: «Trompette et orgue. Musique canadienne» (incluant des œuvres de Raymond Daveluy, Henri Gagnon, Léon Destroismaisons, Michael Conway Baker).
Disque à compte d'auteur, S-100527.

Raymond Daveluy: Arrangements de Noël.
Les Petits Chanteurs du Mont-Royal, direction: Gilbert Patenaude; Rachel Laurin à l'orgue de la crypte de l'Oratoire Saint-Joseph.
Titre du disque: «Adeste Fideles. Noël avec les Petits Chanteurs du Mont-Royal».
Analekta International AN 2 9301.

Raymond Daveluy: Cinq Sonates pour orgue.
Rachel Laurin aux grandes orgues de l'Oratoire Saint-Joseph; Les Disques Radio-Canada, coffret de deux disques compacts (parution prévue pour l'automne 1996).

Raymond Daveluy: «Préludes de chorals» (2), «Troisième Sonate pour orgue».
Michèle Quintal, aux grandes orgues de la basilique Notre-Dame-du-Cap (Cap-de-la-Madeleine).
Titre du disque: «L'Orgue en Mauricie» (avec aussi des œuvres de Bernard Piché).
Disque à compte d'auteur, QUINT S-110103.

Raymond Daveluy, «Sonate pour orgue et trompette».
Louis Larouche, trompette; Sylvain Doyon aux orgues de l'église Saint-Jean-Baptiste de Québec.
Titre du disque: «Trompette et orgue. Musique canadienne» (avec aussi des œuvres de Denis Bédard, Henri Gagnon, Léon

Destroismaisons, Michael Conway Baker).
Disque à compte d'auteur, S-100527.

Anne LAUBER: «Au-delà du mur du son» (conte musical sur un texte de Paule Tardif-Delorme), et «Fantaisie sur un thème connu», pour piano et orchestre.
Charlotte Boisjoli, narratrice; Tristan Lauber, piano; Orchestre des jeunes du Québec, direction: Michel Tabachnik.
SNE 527-CD.

Rachel LAURIN: Folklores pour chœur de voix d'hommes et piano
Quatuor Figaro.
Titre du disque: «Sérénades» (incluant des œuvres de Franz Schubert, Diane Chouinard, George Gershwin).
ATMA ATM 2 9722.

Rachel LAURIN: Oeuvres pour orgue (Variations sur un Noël lorrain; deux Suites brèves; Scènes vosgiennes).
Rachel Laurin, sur trois orgues des Vosges (France).
Publié par l'Association Jean d'Arc (Longchamp, France).

Rachel LAURIN: «Sonate pour violon et piano, en la mineur».
Angèle Dubeau, violon; Louise-Andrée Baril, piano.
Titre du disque: «Opus Québec» (incluant des œuvres de Claude Champagne, André Matthieu, Jean Papineau-Couture, André Prévost, Jacques Hétu et François Dompierre).
ANALEKTA ANC 2 8710.

Rachel LAURIN: «Sonate pour flûte et piano, opus 29».
Michel Bellavance, flûte; Marc Boudreau, piano.
Titre du disque: «Joueurs de flûte» (incluant des œuvres de Philippe Gaubert, Claude Debussy, Albert Roussel, Edgard Varèse, Claude Vivier, Olivier Messiaen, Jacques Hétu et Henri Dutilleux).
BRIOSO RECORDINGS BR 110.

Marie-André OSTIGUY: «Montréal Concerto»; onze pièces pour piano et ensemble instrumental dont les compositions originales suivantes: Montréal Concerto; Opium; Pluie Fantaisie; Pour un enfant qui dort; Soir d'automne; Molly Melody; Galactica.
Marie-Andrée Ostiguy, piano, et ensemble instrumental.
JUSTIN TIME RECORDS JTC 8408-2 (aussi offert en cassette).

Marie-Andrée OSTIGUY: «Tandem»; quatorze pièces pour piano et ensemble instrumental. Toutes compositions originales: Dimanche d'été; Tandem; Für Ludwig; La leçon; Richelieu; Minuit deux; Savoir; Valse des jours heureux; À jamais; Croisades; La forêt enchantée; Anastasia; Risque d'averse; Hong Kong Café.
Marie-Andrée Ostiguy, piano, et ensemble instrumental.
NAMUSICO MAOCD-2001 (aussi offert en cassette).

Antoine OUELLETTE: «Bourrasque».
Ce disque regroupe quatre œuvres: Bourrasque; Au jardin de Gethsémani; Psaume; Seconde Sonate pour violoncelle et piano.
Sylvie Lambert, violoncelle; Paola Secco, flûte; Allan Sutton, piano et piano électrique.
SONOREM S-120401 (aussi offert en cassette).

Antoine OUELLETTE: «Suite celtique pour harpe» et «Une messe pour le Vent qui souffle».
Danièle Habel, harpe; Patrick Wedd aux orgues de l'église Saint-Marc de Rosemont; avec la participation de l'ensemble Grégoria.
SNE 611-CD.

Chez le même éditeur...

Denise BERGERON, *Retrouvailles. Objets familiers de mon enfance*, Montréal, Essentiel, 1991.

(Collectif), *Comme un cri du cœur*, Montréal, Essentiel, 1992. Avec la participation de Antonine Maillet, Pierre Dansereau, Agnès Grossmann, Guy Corneau, Albert Jacquard, Hubert Reeves.

Denise BERGERON, *Les saisons du terroir*, Montréal, Essentiel, 1995.

(Collectif), *Comme un cri du cœur II*, Montréal, Essentiel, 1995. Préface de Hubert Reeves. Avec la participation de Ludmilla Chiriaeff, Miguel Angel Estrella, Diane Dufresne, Théodore Monod, Jacques Gaillot.

Nicole AUDETTE, *Avec toi jusqu'à la fin,* Montréal, Essentiel, 1995.

Hubert REEVES, *L'Espace prend la forme de mon regard*, Montréal, 1995.

Yves CASGRAIN, *Les sectes. Guide pour aider les victimes*, Montréal, Essentiel, 1996.

André BEAUCHAMP, *De la terre et des humains. Regards écologiques*, Collection Pour l'amour..., Montréal, Essentiel, 1996.